Was ist eigentlich …?

Reihe herausgegeben von

Tilo Strobach, Department of Psychology, Medical School Hamburg,
Hamburg, Deutschland

Die Buchreihe „Was ist eigentlich …?" möchte den Leserinnen und Lesern einen ersten Einblick in die verschiedenen Disziplinen der Psychologie geben. Die Einteilung der Bände dieser Reihe orientiert sich dabei an den typischen Psychologiemodulen an deutschen Universitäten. Deshalb eignen sich die kompakten Bücher vor allem für Psychologiestudierende am Beginn des Studiums. Sie bieten aber auch für alle anderen, generell an psychologischen Themen Interessierten einen ersten, gut verständlichen Einblick in die psychologischen Disziplinen: Jeder Band stellt den Kern einer dieser Disziplinen vor. Des Weiteren werden prominente Fragestellungen und Diskurse der Vergangenheit und der Gegenwart vorgestellt. Außerdem wird ein Blick in die Zukunft und auf offene Fragen gerichtet.

Mark Vollrath

Verkehrspsychologie

Ein Überblick für
Psychologiestudierende
und -interessierte

Mark Vollrath
Ingenieur- und Verkehrspsychologie
TU Braunschweig
Braunschweig, Deutschland

ISSN 2523-8744   ISSN 2523-8752 (electronic)
Was ist eigentlich …?
ISBN 978-3-662-70643-5   ISBN 978-3-662-70644-2 (eBook)
https://doi.org/10.1007/978-3-662-70644-2

Die Deutsche Nationalbibliothek verzeichnet diese Publikation in der Deutschen Nationalbibliografie; detaillierte bibliografische Daten sind im Internet über https://portal.dnb.de abrufbar.

Planung/Lektorat: Joachim Coch
Springer ist ein Imprint der eingetragenen Gesellschaft Springer-Verlag GmbH, DE und ist ein Teil von Springer Nature.
Die Anschrift der Gesellschaft ist: Heidelberger Platz 3, 14197 Berlin, Germany

Wenn Sie dieses Produkt entsorgen, geben Sie das Papier bitte zum Recycling.

Vorwort

„Was ist eigentlich Verkehrspsychologie?" In diesem kleinen Buch versuche ich, eine Antwort zu geben, die dazu motivieren soll, dieses Fach zu studieren. Vor ungefähr 40 Jahren habe ich selbst Psychologie studiert und war vor allem von der Sozialpsychologie und der Methodenlehre fasziniert. Gelder für Forschung gab es aber in einem ganz anderen Bereich, der Verkehrspsychologie. Das Verkehrsministerium wollte wissen, ob es sinnvoll ist, die Promillegrenze für Alkohol von 0.8 Promille auf 0.5 Promille zu senken. Im Jahr 1993 wurde nach der Wiedervereinigung dann die Promillegrenze im Osten Deutschlands von vorher 0.0 Promille auf die im Westen noch gültige Grenze von 0.8 Promille angehoben. Würden dann plötzlich viel mehr Fahrer im Osten unter Alkohol fahren? Beide Fragen betreffen ganz zentrale Themen der Verkehrspsychologie und wurden damals zu meinem Einstieg in die Verkehrspsychologie, die ich aktuell mit einem Lehrstuhl für Ingenieur- und Verkehrspsychologie an der TU Braunschweig in Forschung und Lehre vertrete.

Nach einem etwas widerwilligen Einstieg in diesen Bereich entdeckte ich im Laufe der Jahre, wie spannend und vielfältig die verkehrspsychologische Forschung ist. Dazu kam ein weiterer ganz wesentlicher Aspekt: Die Forschung in der Verkehrspsychologie hat wichtige gesellschaftliche Konsequenzen. Sie trägt dazu bei, Verkehrsunfälle mit Toten und Verletzten zu vermeiden und so das menschliche Leben zu schützen. In den letzten Jahren immer wichtiger geworden ist ein zweiter Aspekt, die Erhaltung der Mobilität und die Gestaltung und Entwicklung einer nachhaltigen Mobilität. Wie wird Deutschland zu einem Fahrradland? Welche Angebote muss der öffentliche Verkehr machen, damit er genutzt? Bei beiden Aspekten spielt der Mensch und damit die Verkehrspsychologie eine wesentliche Rolle. Menschliche Fehler tragen ganz wesentlich zu Verkehrsunfällen bei. Die

Wahl und Nutzung von Verkehrsmitteln hängen davon ab, ob Menschen dies attraktiv, angenehm und vorteilhaft erleben. Ich bin deshalb fest überzeugt, dass dieser Schwerpunkt der Psychologie ein wichtiges und spannendes Berufsfeld ist und es sich lohnt, hier im Studium Schwerpunkte zu setzen.

Das Ziel dieses Buches ist es, ihr Interesse für diesen Bereich zu wecken, indem sie diese Bedeutung der Verkehrspsychologie nachvollziehen können. Es ist kein Lehrbuch, also weder umfassend (alle Themen der Verkehrspsychologie) noch vollständig (alle Untersuchungen und alles Wissen). Sie werden viele typische empirische Studien kennenlernen, die fast ausschließlich an meinem Lehrstuhl durchgeführt wurden. Ich kenne diese Studien am besten, ich kann sie Ihnen am besten präsentieren und ich glaube auch, dass sie damit die wichtigsten Bereiche der Verkehrspsychologie kennenlernen können und vor allem ein Gefühl dafür bekommen, was Sie bei einem Studium im Bereich der Verkehrspsychologie erwartet. Wenn Sie schon mal ein Lehrbuch lesen möchten, dann kann ich Sie auf das Buch von Vollrath und Krems (2011) verweisen.

In dem ersten Kapitel dieses Buches werden Sie verschiedene Arten von Verkehrspsychologie kennenlernen. Damit sind auch verschiedene Forschungs- und Anwendungsfragestellungen angesprochen. Es geht hier nicht darum, zwischen diesen Richtungen abzugrenzen, sondern vielmehr die verschiedenen Möglichkeiten deutlich zu machen. In der Praxis wird man dann immer in einer Mischung aus diesen Richtungen arbeiten.

Der zentrale Teil des Buchs geht dann in drei Kapitel auf den Menschen und seine Rolle in den wesentlichen Teilen des Verkehrssystems ein. In Kap. 2 steht der Mensch mit seinen Fähigkeiten und Einstellungen im Vordergrund. Hier steht die Psychologie vielleicht am meisten im Vordergrund. Aber auch der Umgang des Menschen mit Technik und vor allem mit Fahrzeugtechnik erfordert psychologische Forschung, die in Kap. 3 dargestellt wird. Fahrerassistenzsysteme und automatisches Fahren sind Themen, die die Verkehrspsychologen noch einige Jahre beschäftigen werden. Meiner Meinung nach wird diese Technik nur dann funktionieren und auch von Menschen genutzt werden, wenn verkehrspsychologische Erkenntnisse bei der Entwicklung berücksichtigt werden.

Mensch und Technik im Verkehr halten sich in einer Verkehrsinfrastruktur auf. Darum geht es in Kap. 4. Als Psychologe ist klar, das Verhalten und Erleben immer von dem Kontext abhängt, in diesem Fall von dieser Infrastruktur. Kann man Straßen so gestalten, dass Autofahrer automatisch langsam fahren? Wie muss man Radwege und Straßen bauen, damit Radfahrer nicht übersehen werden? Und was sind so angenehme Radwege, dass man das Auto stehen lässt? Hier kann die Verkehrspsychologie dazu beitragen, den Verkehr nachhaltig und sicher zu gestalten.

Am Ende des Buches finden Sie dann in Kap. 5 noch eine kurze Zusammenfassung und einen Ausblick. Wenn Sie soweit gekommen sind, hoffe ich, dass Sie sich eine Universität suchen, an der Sie Verkehrspsychologie belegen können. Dann hätte dieses Buch sein Ziel erreicht.

Braunschweig, Deutschland   Mark Vollrath
7.10.24

Literatur

Vollrath, M., & Krems, J. (2011). *Verkehrspsychologie.* Kohlhammer Verlag.

Inhaltsverzeichnis

Was machen Verkehrspsychologen?

▶ **Definition** „Die Verkehrspsychologie beschäftigt sich mit dem Erleben und Verhalten von Menschen in Verkehrs-, Transport- und Mobilitätssystemen und mit den zugrunde liegenden psychischen Prozessen" (Vollrath & Krems, 2011, S. 14).

Diese sehr allgemeine Definition beschreibt eigentlich nur, dass Verkehrspsychologie ein sehr spezieller Bereich der Psychologie ist, bei dem sich Menschen im Verkehr als Verkehrsteilnehmer bewegen und es um ihre Mobilität oder ihre Beteiligung am Transport von Dingen geht. Aber warum interessiert man sich in diesen Bereichen für das Verhalten und Erleben von Menschen?

Die Motivation mit der die Verkehrspsychologie anfing, ist die Vermeidung von Unfällen oder positiv die Erhöhung der Sicherheit im Verkehr. Nach Informationen des Statistischen Bundesamts kamen im Jahr 2023 im Verkehr in Deutschland 2830 Menschen ums Leben (Statistisches Bundesamt, 2024). Menschliches Verhalten spielt eine zentrale Rolle dabei. Schätzungen gehen davon aus, dass bei über 90 % der Unfälle menschliches Fehlverhalten die Ursache ist (zum Beispiel Vollrath, 2010). Menschen machen Fehler und Fehler führen zu Unfällen. Menschen mit bestimmten Eigenschaften scheinen häufiger Fehler zu machen als andere. Welche sind dies und wie findet man heraus, ob jemand eher geeignet ist für eine Verkehrsteilnahme oder nicht? Kann man das beibringen oder üben? Das folgende Kapitel beschreibt, wie die „klassische" Verkehrspsychologie diese Fragen beantwortet – ein wichtiges und sogar gesetzlich geschütztes Berufsfeld.

Dieser Blick auf Menschen und ihre Eigenschaften kann aber nicht wirklich erklären, warum Menschen Fehler machen. Bei Fehlern spielen immer der umgebende Verkehr und die Verkehrssituation eine wesentliche Rolle. Nur wenn man das versteht, können diese Fehler und damit auch Unfälle im Verkehr vermieden werden. Hier spielt

M. Vollrath, *Verkehrspsychologie*, Was ist eigentlich …?, https://doi.org/10.1007/978-3-662-70644-2_1

die psychologische Forschung eine wesentliche Rolle. In einem Fahrsimulator können gezielt bestimmte Verkehrssituationen hergestellt und variiert werden, um zum Beispiel zu verstehen, warum der Autofahrer beim Rechtsabbiegen den Radfahrer übersieht, der Vorfahrt hat und geradeaus fahren möchte. Grundlegende psychische Prozesse wie Wahrnehmung und Aufmerksamkeit spielen hier eine bedeutende Rolle. Nicht umsonst gilt die Allgemeine Psychologie als der zentrale Bereich der Psychologie, der ganz wesentliche Erklärungsansätze für die Verkehrspsychologie liefert. Dieser Aspekt der grundlegenden verkehrspsychologischen Forschung wird im übernächsten Kapitel dargestellt.

Da die Verkehrspsychologie eine angewandte Wissenschaft ist, sollte sie aber auch für die Gestaltung des Verkehrs und der Mobilität genutzt werden. Es geht nicht nur darum, Unfälle zu vermeiden, sondern die Mobilität der Zukunft zu gestalten. Wie können wir mobil bleiben, aber dabei die Umwelt schonen? Wie kommt man weg vom Auto und hin zum Fahrrad? Wie sollte der öffentliche Verkehr gestaltet sein, damit er mehr genutzt wird? Bei diesen Fragen geht es um Fahrzeuge (zum Beispiel E-Fahrzeuge und automatisches Fahren), das Verkehrssystem (zum Beispiel Angebote wie das 49 €-Ticket) und die Infrastruktur (zum Beispiel angenehme und sichere Radwege). Im dritten Kapitel dieser kurzen Einführung wird dieser Aspekt der Verkehrspsychologie präsentiert.

Man kann also in der Verkehrspsychologie in ganz unterschiedlichen Bereichen tätig werden, von der Beratung, Diagnose und Therapie über die Forschung bis hin zur Industrie oder auch in die Stadtplanung. Aber zunächst soll es im nächsten Abschnitt um den „klassischen" Verkehrspsychologen gehen.

1.1 Die „klassische" Verkehrspsychologie in Deutschland – ein gesetzlich geschützter Beruf

Der Grundgedanke der klassischen Verkehrspsychologie ist sehr einfach: Wenn die wesentlichen Ursachen für Unfälle bei den Fahrern liegen, dann sollten Fahrer, die dazu nicht geeignet sind, nicht aktiv am Verkehr teilnehmen können, zumindest nicht als Autofahrer. Wenn man also im Verkehr auffällig wird, kann die Fahreignung in Frage gestellt und der Führerschein entzogen werden. Häufig erfolgt dies schrittweise, indem im Fahreignungsregister beim Kraftfahrt-Bundesamt immer mehr Punkte für bestimmte Regelverstöße gesammelt werden. Bei einem bestimmten Punktestand oder bei schweren Verstößen, bei denen zum Beispiel andere Verkehrsteilnehmer verletzt oder getötet wurden, wird dann die Fahrerlaubnis entzogen.

Genau hier liegt ein Ansatzpunkt für Verkehrspsychologen. Nach § 4 des Straßenverkehrsgesetzes kann man bei einem Punktestand von bis zu fünf Punkten freiwillig an einem Fahreignungsseminar teilnehmen und damit einen Punkt gelöscht bekommen. Nach § 4a enthalten diese Seminare einen verkehrspädagogischen und einen verkehrspsychologischen Teil. Der verkehrspsychologische Teil darf nur von einem Psychologen mit Masterabschluss und einer zusätzlichen verkehrspsychologischen Ausbildung durchgeführt werden. Die Qualifikation und zusätzliche Erfahrungen in der Verkehrspsychologie werden von einer Landesbehörde geprüft. In dem Seminar sollen sicherheitsrelevante Mängel im Verhalten erkannt und abgebaut werden. Für den Psychologen handelt es sich also um eine sehr spezielle psychotherapeutische Aufgabe – Fehlverhalten zu erkennen und dieses zu ändern.

Wenn dies nicht gelingt und die Fahrerlaubnis entzogen wurde, darf man frühestens nach 6 Monaten die Fahrerlaubnis erneut beantragen. Wenn der Entzug besonders schwerwiegende Gründe hatte wie zum Beispiel die Gefährdung anderer Menschen, ist dafür ein positives Gutachten einer anerkannten Begutachtungsstelle für Fahreignung zu erbringen. Dort wird eine medizinisch-psychologische Untersuchung (MPU) durchgeführt. Entsprechend § 11 der Fahrerlaubnis-Verordnung (FeV) ist dabei die Eignung und durch den Psychologen insbesondere die „geistige" Eignung zu bewerten. Aber was begutachtet der Psychologe dabei genau? Wann ist jemand geistig geeignet, ein Fahrzeug zu führen?

Die Bundesanstalt für Straßenwesen hat Begutachtungsleitlinien erarbeitet, die kontinuierlich aktualisiert werden (Bundesanstalt für Straßenwesen, 2022). Im Bereich der psychischen Leistungsfähigkeit werden hier die visuelle Wahrnehmung, die Konzentrationsfähigkeit, die Aufmerksamkeit, die Reaktionsfähigkeit und die Belastbarkeit als zentrale Konstrukte genannt. Diese Konstrukte sind objektiv durch apparative Verfahren zu messen. Die „Testbatterie zur Aufmerksamkeitsprüfung (Version Mobilität)" (TAP-M; Zimmermann & Fimm, 2017) prüft zum Beispiel mit Hilfe von 13 Tests Aspekte wie das aktive Sehfeld, die grundsätzliche Aktivierung, die Ablenkbarkeit, geteilte Aufmerksamkeit und die visuelle Suche. Diese Testbatterie ist auch offiziell anerkannt für die Prüfung der Fahreignung entsprechend der Fahreignungsverordnung. Für den Erwachsenenbereich liegen Normen vor, sodass man die Leistungsfähigkeit von Personen in Relation zur Verteilung der Leistung in der Bevölkerung setzen kann. Liegt die Leistungsfähigkeit in einem Bereich von unter 25 % der Bevölkerung, wird die Fahreignung in Frage gestellt.

Problematisch bei dieser Untersuchung ist allerdings, dass die Gültigkeit (Validität) dieser und ähnlicher Tests unzureichend ist. Kann man tatsächlich bei einem schlechten Ergebnis in einem Test vorhersagen, dass diese Person Unfälle verursachen wird? Das Ziel ist es, die Fahreignung festzustellen bzw. die Personen auszuschließen, die nicht geeignet sind, sicher am Verkehr teilzunehmen. Man versucht, die Personen zu finden, deren Leistungsfähigkeit zu gering ist, sodass sie vermutlich Unfälle verursachen werden. Aber geschehen Unfälle tatsächlich nur deswegen, weil bestimmte Defizite im Bereich der psychischen Leistungsfähigkeit vorhanden sind? Dies wird sehr kritisch dis-kutiert, aber sehr wahrscheinlich sind hier eine ganze Reihe anderer psychologischer Faktoren wichtig, wie zum Beispiel die Beeinträchtigung durch Alkohol, das Ein-schlafen am Steuer, die Ablenkung durch die Nutzung von Smartphones, riskantes und regelwidriges Verhalten oder auch eine schlechte und unübersichtliche Verkehrsinfra-struktur.

Sicherlich ist es richtig, dass man eine gewisse grundsätzliche Leistungsfähigkeit in diesen Konstrukten aufweisen sollte und Personen, bei denen dies nicht der Fall ist, auch zu ihrem eigenen Schutz nicht fahren lässt. Möchte man Unfälle verhindern und den Verkehr sicherer gestalten, muss man aber verstehen, wie Unfälle entstehen. Regelhaft kommen hier verschiedene Dinge zusammen. Welche Rolle spielen die Si-tuation, der Zustand des Fahrers und sein Verhalten? Dies sind Fragen für den for-schenden Verkehrspsychologen, das Thema des nächsten Abschnitts.

1.2 Die forschende Verkehrspsychologie – den Men-schen im Verkehr und seine Mobilität verstehen

Menschliche Fehler spielen bei fast allen Unfällen eine maßgebliche Rolle für die Unfallentstehung. Aber welche Fehler kann man beim Fahren überhaupt machen und welche Fehler führen zu welchen Arten von Unfällen? Abb. 1.1 zeigt ein aufgaben-orientiertes Fahrermodell, in dem die wesentlichen Aufgaben des Fahrers auf unter-schiedlichen Ebenen dargestellt sind (Vollrath, 2010). Bei jeder dieser Aufgaben kann der Fahrer Fehler machen, sodass man mit diesem Modell eine Liste von mög-lichen Fehlern erstellen kann.

Ganz oben in dem Modell finden sich die drei Bedienelemente, mit denen ein Auto gefahren wird. Die erste grundlegende Aufgabe beim Fahren ist es, die Spur zu halten. Als Fahrer beobachtet man, wo man sich auf der Fahrspur befindet. Wenn man zu weit nach rechts oder links gerät, steuert man mit dem Lenkrad dagegen. Wenn man dies nicht tut, gerät das Fahrzeug aus der Spur und es kann zu einem Un-fall kommen. Aber warum sollte ein Fahrer so etwas tun? Was ist die Ursache dieses Fehlers? Dazu weiter unten mehr.

Beim Gasgeben und Bremsen geht es einerseits um das Einhalten einer be-stimmten Geschwindigkeit (zum Beispiel innerorts 50 km/h zu fahren). Wenn sich ein langsameres Fahrzeug vor dem eigenen Fahrzeug befindet, wird außerdem ein bestimmter Abstand zu diesem eingehalten. Auch bei diesen beiden Aufgaben be-obachtet der Fahrer, mit welcher Geschwindigkeit er fährt und wie groß der Abstand gerade ist und greift dann mit Gas oder Bremse ein, wenn Geschwindigkeit und Ab-stand zu groß oder zu klein sind. Wenn der Fahrer dies nicht tut, dann kann es zu einem Auffahrunfall mit dem langsameren Fahrzeug vorne kommen.

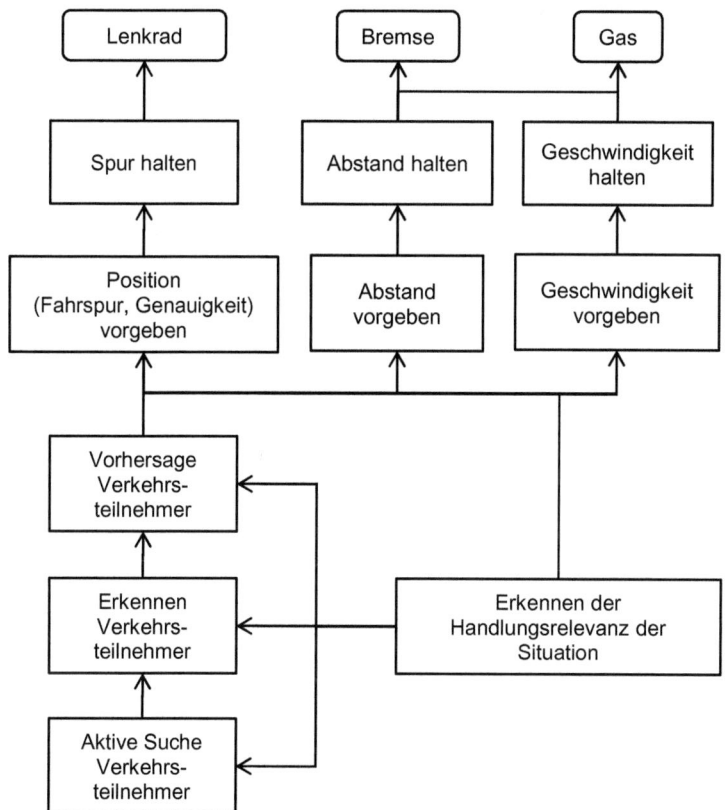

Abb. 1.1 Aufgabenorientiertes Fahrermodell (modifiziert nach Vollrath, 2010, S. 32). Zur Erklärung siehe Text

Eine Ebene tiefer ist die Aufgabe des Fahrers, die Position auf der Fahrspur zu wählen und auch die Genauigkeit, mit der diese gehalten werden sollte (zum Beispiel sehr genau in einer Baustelle mit sehr schmalen Fahrstreifen). Weiter sollte man einen sicheren Abstand zum Vorderfahrzeug wählen, sodass man noch entspannt reagieren kann, wenn dieses zum Beispiel bremst. Schließlich sollte eine Geschwindigkeit gewählt werden, die den Straßenverkehrsregeln und der Fahrsituation entspricht, zum Beispiel langsam in eine enge Kurve zu fahren oder bei starkem Regen oder Nebel langsamer zu fahren. Macht man hier einen Fehler, so kann man zum Beispiel in der Kurve oder wegen Aquaplaning die Kontrolle über das Fahrzeug verlieren oder bei Nebel auf langsame Fahrzeuge auffahren.

Wieder eine Ebene tiefer besteht die Aufgabe darin, die Handlungsrelevanz der Situation zu erkennen. Erst wenn man gesehen und verstanden hat, dass eine scharfe Kurve vor einem liegt, kann man eine adäquate Geschwindigkeit wählen. Wenn man damit rechnet, dass das Vorderfahrzeug vielleicht bremst, kann man einen sicheren Abstand fahren. Und wo man genau langfährt und wie schnell man das tut, hängt ganz wesentlich von anderen Verkehrsteilnehmern ab. Um diese zu erkennen, muss man teilweise aktiv nach ihnen suchen (zum Beispiel der Schulterblick vor dem Spurwechsel) und auch vorhersagen, was diese tun werden (zum Beispiel, dass der Radfahrer anhalten wird, weil er rot hat, sodass man sicher nach rechts abbiegen kann). Die Fehler auf dieser Ebene bestehen darin, nicht zu erkennen, dass man sein Fahrverhalten anpassen sollte, nicht nach anderen Verkehrsteilnehmern zu suchen, diese nicht zu erkennen oder falsch vorherzusagen, wie sie sich verhalten werden. So kann es zum Beispiel dazu kommen, dass man den Radfahrer beim Rechtsabbiegen übersieht.

Dieses Modell ist anhand einer Unfallstudie entstanden, in der eine repräsentative Auswahl von Verkehrsunfällen mit Pkw als Unfallverursacher detailliert darauf hin untersucht wurde, durch welche Fehler der Unfall entstanden ist. Um menschliche Fehler als Unfallursache zu verstehen und zu vermeiden, ist eine solche Beschreibung, welche Fehler denn bei welchen Unfällen gemacht wurden, eine ganz wichtige Information. Diese Analyse (Vollrath, 2010) zeigt zum Beispiel, dass bei 30 % der schweren Unfälle der zentrale Fehler darin bestand, dass andere Verkehrsteilnehmer, die die Vorfahrt hatten, nicht gesehen wurden. Bei weiteren 13 % der schweren Unfälle wurde ein zu geringer Abstand gehalten. Bei 19 % war eine zu hohe Geschwindigkeit der Fehler.

Diese Art der Analyse ermöglicht es, Gegenmaßnahmen zur Vermeidung der Fehler zu entwickeln. Ein Notbremsassistenzsystem, das Fußgänger auf der Fahrbahn entdeckt und bremst, wenn der Fahrer nicht reagiert, könnte eine entsprechende Möglichkeit sein. Die Intelligent Speed Adaptation kann die Geschwindigkeit von Fahrzeugen an die Verkehrsregeln und die Situation anpassen. Der Abstandsregeltempomat hält automatisch einen sicheren Abstand. Diese und weitere Assistenzsysteme sind eine Möglichkeit, die Fehler von menschlichen Fahrern zu korrigieren. Die Untersuchung von derartigen Systemen oder anderen Maßnahmen als Thema der angewandten Verkehrspsychologie werden im nächsten Kapitel dargestellt.

Die Untersuchung der Ursachen reicht aber noch nicht aus. Eine Ursache war, dass andere Verkehrsteilnehmer nicht gesehen wurden. Aber warum wurden sie nicht gesehen? Das Problem liegt hier im Bereich der Wahrnehmung und Aufmerksamkeit. Aber was genau geschieht hier? Und warum fahren Menschen so dicht auf, dass sie nicht mehr rechtzeitig bremsen können, wenn der Vorderfahrer plötzlich anhält? Hier scheinen Fahrer die Situationen falsch einzuschätzen, also zum Beispiel nicht damit zu rechnen, dass der Vorderfahrer bremsen könnte. Die Probleme hier liegen im Bereich der Entscheidung und Handlungsplanung. Was genau geschieht auf dieser Ebene?

In der Verkehrspsychologie ist das Experiment die Methode der Wahl, um derartige Warum-Fragen zu untersuchen. Man entwickelt zum Beispiel auf Basis der Unfallanalysen Hypothesen darüber, warum der andere Verkehrsteilnehmer nicht gesehen wurde und prüft dann – sehr häufig in einem Fahrsimulator – ob diese Hypothesen tatsächlich zutreffen. In einer Unfallanalyse fanden zum Beispiel Räsänen und Summala (1998), dass Autofahrer beim Rechtsabbiegen in eine Vorfahrtsstraße häufig Radfahrer übersehen, die von rechts kommen. Ihre Erklärung war, dass die Autofahrer ihre Aufmerksamkeit in dieser Situation nach links gelenkt hatten, weil aus dieser Richtung andere Autos kommen konnten, die Vorfahrt hatten. Diese Auslenkung der visuellen Aufmerksamkeit nach links führt dazu, dass Informationen auf der rechten Seite nicht mehr richtig verarbeitet werden können. Dies ist eine grundlegende Eigenschaft der menschlichen visuellen Aufmerksamkeit: Menschen können nicht gleichzeitig Informationen visuell verarbeiten, die an zwei unterschiedlichen Orten zu sehen sind. Daraus lässt sich die Hypothese ableiten, dass andere Verkehrsteilnehmer immer dann übersehen werden, wenn die Aufmerksamkeit auf einen anderen Bereich der Umwelt gelenkt ist. Aber wann ist das der Fall?

Wickens (2015) zeigt mit seinem SEEV-Modell, dass wir die Aufmerksamkeit dorthin lenken, wo wir erwarten, dass neue und wichtige Informationen auftauchen werden. Er bezeichnet dies als „Expectancy" (E; Erwartung) und „Value" (V; Wert). Die anderen beiden Komponenten in seinem Modell sind „Salience" (S; Salienz oder Auffälligkeit von Reizen) und „Effort" (E; Anstrengung, die für die Blickverlagerung benötigt wird) und sind in diesem Kontext weniger relevant. In der Situation der Radfahrerunfälle wird nach dem Modell die Aufmerksamkeit nach links gelenkt, weil man erwartet, dass dort andere Fahrzeuge auftauchen werden (Expectancy) und dass man diesen Fahrzeugen Vorfahrt gewähren sollte, wenn man einen Unfall mit ihnen vermeiden möchte (Value).

Um diese Hypothese auch für andere Unfallsituationen zu überprüfen, wurden vier Szenarien in einem Fahrsimulator entwickelt (Werneke & Vollrath, 2012), mit denen die Aufmerksamkeit unterschiedlich gelenkt werden sollte. Wie Abb. 1.2 zeigt, sollte der Autofahrer, der sich von unten einer T-Kreuzung annähert, dort nach rechts abbiegen, wobei er Fahrzeugen von links Vorfahrt gewähren musste. In den linken beiden Situationen kamen wenige Fahrzeuge von links. In den rechten beiden Situationen gab es viel Verkehr von links. Nach dem SEEV-Modell müsste daher in den rechten beiden Situationen die Aufmerksamkeit stärker nach links gelenkt werden, da hier Expectancy (es kommen viele Fahrzeuge) und Value (hier muss frei sein, damit ich fahren kann) hoch sind.

Zusätzlich gab es auf der rechten Seite immer einen Zebrastreifen. Allerdings waren in den oberen beiden Situationen keinerlei Fußgänger in der Nähe. In den unteren beiden Situationen waren dagegen einige vorhanden, die möglicherweise die Straße überqueren wollten. Damit müsste nach dem SEEV-Modell in den unteren

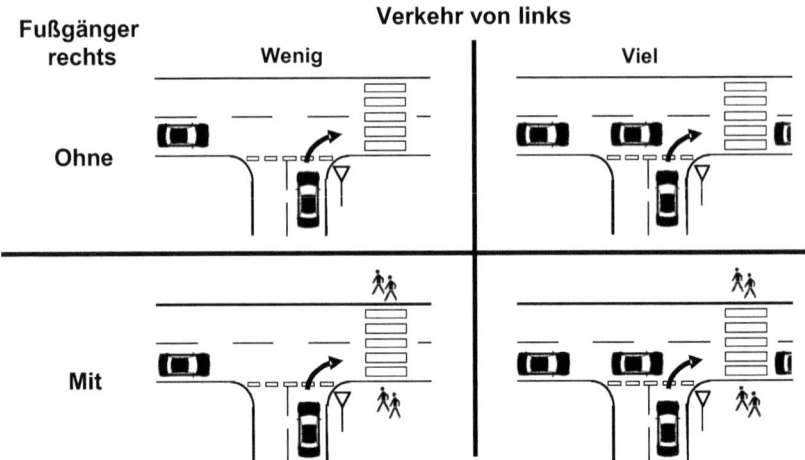

Abb. 1.2 Die vier Fahrsituationen in der Studie (modifiziert nach Werneke & Vollrath, 2012, S. 612). Zur weiteren Erklärung siehe Text

beiden Situationen die Aufmerksamkeit nach rechts verlagert werden, da auch dort wichtige (Value) und sich ändernde (Expectancy) Informationen vorhanden waren.

Damit dieser Effekt auftritt, mussten die Fahrer natürlich wissen, ob an einer bestimmten Kreuzung typischerweise viel oder wenig Verkehr auftritt und ob Fußgänger dort vorhanden sind oder nicht. Nur dann konnten sie entsprechende Erwartungen entwickeln, die ihr Blickverhalten steuern. Jeder Fahrer bog insgesamt zehn Mal an jeder Kreuzung ab. Die vier Kreuzungen wurden von den umgebenden Häusern und der Landschaft her unterschiedlich gestaltet. Damit wusste er dann nach der zehnten Fahrt für jede der vier Kreuzungen, wie viel Verkehr dort typischerweise war und ob ein Fußgänger vorhanden war.

Beim letzten Abbiegen rollte dann zwischen parkenden Autos entweder ein Ball von rechts auf die Straße oder ein Auto parkte plötzlich aus. In beiden Fällen musste der Fahrer dann sehr schnell und stark bremsen. Wenn ihm dies nicht gelang, kam es zu einem Unfall.

Mit diesem Versuchsplan konnte jetzt geprüft werden, ob tatsächlich die durch die unterschiedliche Erwartung bedingte Verlagerung der Aufmerksamkeit eine wesentliche Ursache für Unfälle in dieser Art von Situationen ist. Die Aufmerksamkeit müsste am stärksten nach links gerichtet sein, wenn von dort aus viel Verkehr auftaucht und gleichzeitig auf der rechten Seite keine Fußgänger vorhanden sind (in der Abbildung die Situation rechts oben). Umgekehrt müsste am ehesten auch die rechte Seite berücksichtigt werden, wenn von links wenig Verkehr kommt und gleichzeitig rechts Fußgänger zu sehen sind (in der Abbildung links unten). Das Ergebnis war eindeutig: In der ersten Situation mit viel Verkehr und keinen Fußgängern konnten etwa 70 % der Fahrer den Unfall nicht vermeiden. In der zweiten Situation mit wenig Verkehr von links und Fußgängern rechts hatten nur etwa 20 % der Fahrer einen Unfall. Zusätzlich wurde über eine Messung der Blickbewegungen auch bestätigt, dass die Variation der Situation tatsächlich dazu geführt hatte, dass bei mehr Verkehr häufiger nach links geschaut wurde und beim Vorhandensein von Fußgängern häufiger nach rechts geschaut wurde. Insgesamt scheint damit eine wesentliche Unfallursache darin zu liegen, dass die Aufmerksamkeit menschlicher Fahrer begrenzt ist und daher in bestimmten Situationen wichtige Informationen nicht oder nicht schnell genug wahrgenommen und verstanden werden können.

Dieses Beispiel zeigt das grundsätzliche methodische Vorgehen der forschenden Verkehrspsychologie. Es werden Hypothesen gebildet, wie das Verhalten und Erleben von Verkehrsteilnehmern erklärt werden kann. Dabei spielen Unfallstudien, Verkehrsbeobachtungen und Befragungen eine wesentliche Rolle. Dabei ist insbesondere das aus der Allgemeinen Psychologie kommende Wissen über die menschliche Informationsverarbeitung wichtig. Hier im Beispiel war dies das SEEV-Modell von Wickens (2015). Diese Hypothesen werden dann experimentell geprüft, wobei sehr häufig Fahrsimulatoren genutzt werden, weil man dort sehr einfach die relevanten Einflussgrößen variieren und Störvariablen kontrollieren kann. Gleichzeitig werden damit die eher abstrakten Modelle der Allgemeinen Psychologie auf konkrete, alltagsnahe Situationen und Verhaltensweisen übertragen und damit das Wissen über das Verhalten und Erleben des Menschen erweitert. Der forschende Verkehrspsychologe trägt damit auch zur Weiterentwicklung der wissenschaftlichen Psychologie bei. Gleichzeitig soll dieses Wissen angewandt werden zur Unfallvermeidung. Mindestens genauso wichtig ist es aber, auch beizutragen zur Verbesserung der Mobilität und zur Veränderung hin zu nachhaltiger Mobilität. Wie dies geschieht, ist das Thema des nächsten Abschnitts.

1.3   Die angewandte Verkehrspsychologie – Technik und Umwelt gestalten für eine nachhaltige und sichere Mobilität

Mit dem Wissen, das die forschende Verkehrspsychologie zum Beispiel im Bereich der Ursachen menschlicher Fehler gewonnen hat, kann man Möglichkeiten entwickeln, diese Fehler und damit die Unfälle zu vermeiden. Die forschende Verkehrspsychologie untersucht auch, warum Menschen Rad fahren, die öffentlichen Verkehrsmittel nutzen und warum sie dies nicht tun. Damit kann man die Ideen entwickeln, wie dies weiter gefördert werden kann. Auch die angewandte Verkehrspsychologie geht experimentell vor um zu prüfen, inwieweit diese Möglichkeiten tatsächlich effektiv sind.

Werneke und Vollrath (2013) entwickelten für die im letzten Abschnitt beschriebenen Unfallsituationen nach dem Abbiegen unterschiedliche Warnsignale, um diese Unfälle möglichst zu vermeiden. In der oben beschriebenen Studie hatte sich gezeigt, dass das Problem bei der begrenzten Aufmerksamkeit lag. Entsprechend war die Idee, die Fahrer bei der Aufnahme und Verarbeitung der Informationen zu unterstützen. Dazu wurden drei Varianten einer visuellen Warnung im Head-Up-Display, also in der Windschutzscheibe, entwickelt. Diese unterschieden sich in der Darstellung und im Zeitpunkt, wann die Warnung gegeben wurde:

1. Bei der Anfahrt an die Kreuzung wurde eine schematische Darstellung der Kreuzung gezeigt, bei der die rechte Straßenseite an der Stelle mit einem roten Warnzeichen markiert war, wo später das Auto ausparken würde.
2. Nach dem Abbiegen wurde in dem Augenblick, in dem das Auto begann auszuparken, in der Mitte der Straße ein großes rotes Warnzeichen eingeblendet.
3. Das rote Warnzeichen wurde direkt an der Stelle gezeigt, wo das Auto begann, auszuparken, also in der Windschutzscheibe rechts.

Die Idee der ersten Warnung war, den Fahrer bei der Steuerung der Aufmerksamkeit zu unterstützen, indem durch die Warnung die Aufmerksamkeit stärker nach rechts gerichtet werden sollte. Die anderen beiden Warnungen sollten den Fahrer beim Wahrnehmen und Verstehen unterstützen, sodass die Bremsreaktion schneller ausgelöst werden könnte. In der Studie gab es außerdem eine Kontrollgruppe ohne irgendeine Warnung.

Für die Studie wurde die in Abb. 1.2 oben rechts dargestellte Situation gewählt, bei der von links viel Verkehr auftauchte, weil diese Situation bei den meisten Fahrern zu einem Unfall geführt hatte. Der Zebrastreifen rechts wurde weggelassen, um so diese Auslenkung der Aufmerksamkeit nach links noch zu verstärken.

In dieser etwas modifizierten Situationen hatten 25 % der Fahrer in der Kontrollgruppe einen Unfall. Bei der frühen Warnung während der Anfahrt gab es nur einen Unfall (8 %). Mit der späten Warnung in der Mitte gab es sogar 50 % Unfälle und bei der an der Seite ebenfalls 25 %. Abb. 1.3 zeigt als etwas differenzierteres Maß für die Kritikalität der Situation den minimalen Abstand zu dem ausparkenden Fahrzeug in den vier Fahrergruppen. Hier wird sehr deutlich, dass es nur bei der frühen Warnung bei der Anfahrt zu einem deutlichen Sicherheitsgewinn kam. Die späten Warnungen sowohl in der Mitte als auch seitlich waren dagegen wirkungslos.

Dieses Ergebnis unterstützt von der verkehrspsychologischen Seite her die Überlegung, dass das Problem in dieser Situation bei der Ausrichtung der Aufmerksam-

Abb. 1.3 Minimaler Abstand zum ausparkenden Fahrzeug (Mittelwert über die Fahrer pro Gruppe) als Maß für die Kritikalität der Situation in Abhängigkeit von der Art der Warnung

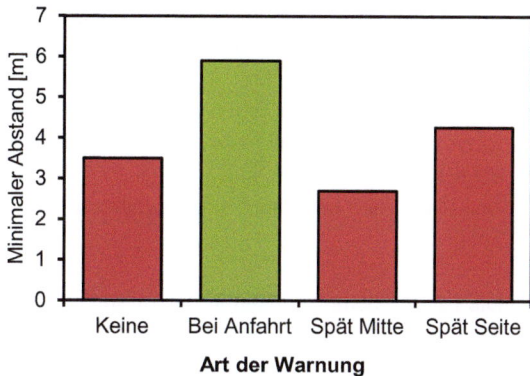

keit liegt. Nur die frühe Warnung bei der Anfahrt war effektiv, weil nur diese vermied, dass die Aufmerksamkeit zu stark nach links ausgelenkt wurde. Die beiden späten Warnungen konnten dies nicht tun und waren auch nicht effektiv. Das Problem in der Situation ist anscheinend nicht, das ausparkende Fahrzeug wahrzunehmen und die Gefahr zu verstehen, sondern sich auf eine mögliche Gefahr schon im Vorfeld einzustellen. Entsprechend zeigte sich auch, dass die Gruppe mit der frühen Warnung bei der Anfahrt ungefähr 5 s an der Kreuzung wartete, bevor abgebogen wurde, während die anderen Gruppen bereits nach weniger als 2 s abbogen.

Das heißt, auf Basis allgemein- und verkehrspsychologischer Grundlagenforschung über die Steuerung des menschlichen Verhaltens und Erlebens lassen sich Konzepte entwickeln, mit denen man dies beeinflussen kann und so zum Beispiel einen Fahrfehler und den daraus entstehenden Unfall vermeiden kann. Genau dies macht die angewandte Verkehrspsychologie aus: Wissen anwenden und prüfen, ob dies die gewünschten Wirkungen erreicht. Nebenbei erweitert man dabei natürlich auch das Grundlagenwissen. Im Beispiel wurde gezeigt, dass das Kernproblem in dieser Situation tatsächlich in der Steuerung der Aufmerksamkeit liegt und nicht in der Wahrnehmung oder Verarbeitung der Information.

Sehr häufig gibt es in diesem Bereich der angewandten Verkehrspsychologie allerdings die Situation, dass entsprechendes Grundlagenwissen oder anwendbare Theorien nicht verfügbar sind. Nach der Straßenverkehrsordnung § 5 Absatz 4 muss der Autofahrer beim Überholen innerorts mindestens einen Abstand von 1.5 m zu Radfahrern einhalten. Von der Verkehrspsychologie her stellt sich die Frage, wie man die Infrastruktur gestalten sollte, damit Autofahrer dies tatsächlich tun. Das menschliche Verhalten wird ganz wesentlich durch die Umwelt gesteuert – aber was sind in diesem Fall die relevanten Umgebungsbedingungen?

In einer eigenen Studie im Fahrsimulator wurden drei typische Ausprägungen einer Radfahrinfrastruktur in der Stadt dargestellt:

1. Eine Straße mit Mittelstreifen ohne eigenen Radweg
2. Dieselbe Straße aber mit einem Radfahrstreifen mit durchgezogener Linie rechts auf der Straße
3. Dieselbe Straße mit einem Schutzstreifen mit gestrichelter Linie rechts auf der Straße

Die Fahrer überholten dann in diesen Situationen jeweils unterschiedliche Radfahrer. Gemessen wurde, welchen Abstand sie in Abhängigkeit dieser drei Ausprägungen der Infrastruktur beim Überholen einhielten. Abb. 1.4 zeigt den seitlichen Abstand beim Überholvorgang von 50 m vor dem Überholen bis 50 m danach. Da es für die Autofahrer egal war, ob sie beim Radfahrstreifen oder Schutzstreifen überholten, wurden die Werte als „Radweg" zusammengefasst. Es wird sehr deutlich, dass die Autofahrer auf der Straße ohne Radweg etwa 40 m hinter dem Radfahrer mit dem Überholen begannen und direkt beim Überholen etwa 1,8 m Abstand hielten. Erst etwa 50 m danach waren sie wieder auf ihrer vorherigen Position auf dem Fahrstreifen. Ganz anders waren die Abstände, wenn die Radfahrer auf dem Schutzstreifen oder Radfahrstreifen fuhren. Die Autofahrer fuhren dann zwar auch etwas nach links, aber hatten beim Überholen einen Abstand von unter einem Meter, also deutlich unter dem gesetzlich vorgeschriebenen Abstand.

Die Erklärung dafür scheint zu sein, dass die durchgezogene oder gestrichelte Linie vom Autofahrer als Grenze des Fahrstreifens gesehen wird. Bis dorthin reicht das Gebiet des Radfahrers. Der Rest wäre der Fahrstreifen des Autofahrers und auch

Abb. 1.4 Seitlicher Abstand der Autofahrer beim Überholen der Radfahrer in Abhängigkeit von der Position relativ zum Radfahrer von 50 m vor dem Überholen (– 50) bis 50 m danach

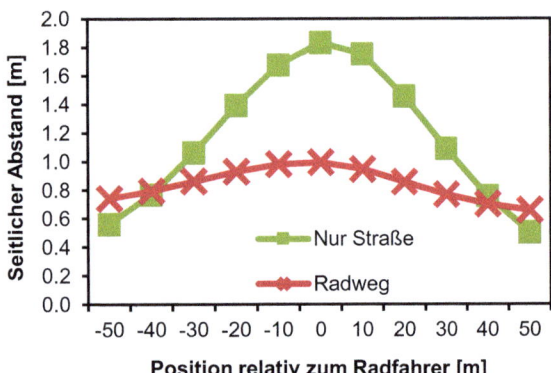

beim Überholen müsste man da nicht weiter nach links fahren. Diese Art von Infrastruktur war eigentlich dazu gedacht, dem Autofahrer deutlich zu machen, dass die Straße auch für den Radfahrer gedacht ist. Die Verhaltenswirkung ist eine andere, die Radfahrer werden mit viel zu geringem Abstand überholt. Aus der Sicht der Verkehrspsychologie scheint damit der geteilte Straßenraum ohne Abgrenzungen und eigene Markierungen für den Radfahrer besser zu sein, zumindest was die Überholabstände angeht. Interessant wäre natürlich auch, wie sich die Radfahrer fühlen, wenn sie so überholt werden. Diese Fragestellung kann man sehr gut im Fahrradsimulator untersuchen, aber natürlich auch in Feldstudien im realen Verkehr, bei denen man Radfahrer befragt, nachdem sie so überholt wurden.

Dieses Beispiel zeigt nebenbei, dass auch die angewandte Verkehrspsychologie zu einem besseren Verständnis des Verhaltens der Verkehrsteilnehmer beitragen kann. Die Linien auf der Fahrbahn scheinen vom Autofahrer als Grenzen gesehen werden, die man nicht überfahren sollte, aber denen man sich auch nähern kann, wenn auf der anderen Seite Radfahrer unterwegs sind. Würde sich das ändern, wenn die Grenze anders gestaltet werden würde, zum Beispiel als physisches Hindernis mit Leitplanken? Vermutlich würde man dann doch etwas mehr Abstand halten. Auch dies ist eine Fragestellung, die im Fahrsimulator sehr gut untersucht werden kann. Damit kann die Verkehrspsychologie zur sicheren und angenehmen Gestaltung des Verkehrsraum beitragen und gleichzeitig die Verkehrsteilnehmer besser verstehen. Diese Verbindung aus psychologischen Grundlagen und praktischen Anwendungen macht die Verkehrspsychologie aus meiner Sicht so interessant.

Der Mensch als Verkehrsteilnehmer

2

Natürlich steht für die Verkehrspsychologie der Mensch im Vordergrund. Wie schon oben dargestellt wurde, sind Fehler des Menschen die wesentlichen Unfallursachen. Dabei spielen die menschliche Leistungsfähigkeit und kurz- und längerfristige Einflüsse darauf eine wichtige Rolle. Ist der Mensch überhaupt geeignet für eine Verkehrsteilnahme? Die entsprechenden Ansätze wurden oben bereits dargestellt. Kann man ein sicheres Verhalten üben? Ist es gefährlich, unter dem Einfluss von Cannabis zu fahren? Welche Art von Ablenkung führt zu Unfällen? Dies sind einige Beispiele von wichtigen Themenbereichen, die im folgenden Kapitel dargestellt werden.

Die Einstellungen und ihr Einfluss auf Verhalten im Verkehr sind der zweite wichtige Faktor. Warum fährt der Radfahrer bei Rot oder ohne Licht? Warum fährt der Autofahrer unter Alkohol? Was sind das für Menschen, die aggressiv und gefährlich fahren? Einige Beispiele aus diesen Bereichen werden im zweiten Teil dieses Kapitels dargestellt.

2.1   Menschliche Fähigkeiten

Warum sind menschliche Fähigkeiten so wichtig im Verkehr? Nach dem Modell von Fuller (2005) deswegen, weil der Verkehr ständig wechselnde Anforderungen stellt, für die der Mensch Fähigkeiten benötigt, um diese zu bewältigen (s. Abb. 2.1). Wenn diese Fähigkeiten größer sind als die Anforderungen durch den Verkehr, dann ist alles in Ordnung und man kann sicher fahren. Sind weniger Fähigkeiten vorhanden als für die Bewältigung der Anforderungen benötigt werden, dann verliert der Mensch die Kontrolle und es kann zu einem Unfall kommen – wenn man nicht zufällig Glück hat oder andere Verkehrsteilnehmer richtig reagieren.

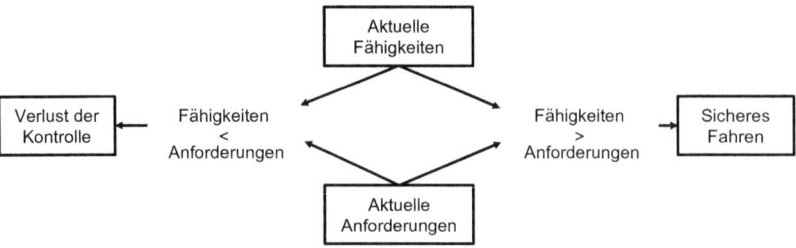

Abb. 2.1 Ein grundsätzliches Modell der Unfallentstehung (modifiziert nach Fuller, 2005, S. 464). Zur Erklärung siehe Text

Die aktuellen Fähigkeiten sind von verschiedenen Faktoren abhängig. Jeder Mensch hat zunächst eine bestimmte angeborene Leistungsfähigkeit. Man lernt dann, am Verkehr teilzunehmen, beim Auto zum Beispiel in der Fahrschule. Je mehr man fährt, umso mehr Erfahrung sammelt man und die Fähigkeiten, sicher zu fahren, nehmen zu. Kurzfristig können die Fähigkeiten dann wieder beeinträchtigt werden, zum Beispiel wenn man müde oder abgelenkt ist oder Alkohol oder Drogen konsumiert hat. Langfristig können die Fähigkeiten durch Alterungsprozesse abnehmen.

Aber wie viele und welche Fähigkeiten werden benötigt? Diese Frage ist nicht allgemein zu beantworten, sondern hängt von der speziellen Fahrsituation ab. Um einen komplexen innerstädtischen Verkehr zu bewältigen werden mehr oder andere Fähigkeiten benötigt als bei der Fahrt über eine leere Autobahn. Gerade die Anwesenheit anderer Verkehrsteilnehmer kann zusätzliche Fähigkeiten erfordern. Auch die Umwelt (nachts, bei Regen, bei Schnee) kann die Anforderungen erhöhen. Und schließlich, je schneller man fährt, umso schneller und besser muss man auch reagieren. Hier liegt übrigens ein wesentlicher Bereich, wo man selbst zumindest zum Teil die Anforderungen kontrollieren kann, indem man zum Beispiel langsamer fährt. Indirekt kontrollieren kann man sie auch, indem man eine bestimmte Strecke wählt oder nur unter bestimmten Umständen fährt, wie zum Beispiel nur tagsüber bei guter Sicht und gutem Wetter.

Was beim Autofahren die Anforderungen für den Autofahrer im Detail sind und welche Fehler dort an welcher Stelle geschehen können, wurde bereits im Modell von Vollrath (2010) in Abb. 1.1 dargestellt. Beide Modelle liefern eine Grundstruktur, mit der man Unfälle analysieren und ihre Entstehung verstehen kann, um daraus dann Gegenmaßnahmen zur Vermeidung der Unfälle abzuleiten. Das Modell von Fuller (2005) zeigt dazu mögliche Wege auf. Man kann an der Fahrausbildung ansetzen oder das Sammeln von Fahrerfahrung unterstützen, zum Beispiel mit dem begleiteten Fahren ab 17 Jahren. Man kann weiter vermeiden, die Fähigkeiten durch

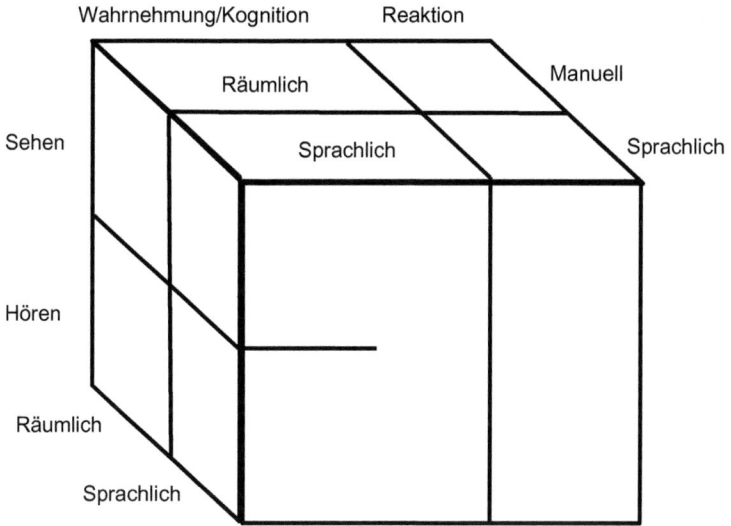

Abb. 2.2 Das Modell multipler Ressourcen (modifiziert nach Wickens, 2002, S. 163). Zur Erklärung siehe Text

Müdigkeit, Alkohol, Drogen oder Ablenkung zu beeinträchtigen. Die Forschung beschäftigt sich damit, wie wichtig diese verschiedenen Einflussfaktoren sind, um gezielt dort anzusetzen, wo es besonders notwendig ist, wo also das Unfallrisiko besonders groß ist.

Ein wichtiger Aspekt in der Verkehrspsychologie ist die Beeinträchtigung durch Ablenkung. Wickens (2002) hat dafür ein Modell aufgestellt, das in Abb. 2.2 gezeigt ist. Dieser Würfel besteht aus verschiedenen Blöcken, die menschliche Ressourcen darstellen, also spezielle Fähigkeiten. In der linken Hälfte geht es um Wahrnehmung und Verstehen (Kognition), in der rechten Hälfte um die Reaktion, also die Steuerung der Körperbewegungen. Bestimmte Handlungen wie das Autofahren benötigen ein bestimmtes Maß an Ressourcen. Wesentlich sind beim Fahren räumliche Informationen (wo führt die Straße entlang, wo befinden sich andere Verkehrsteilnehmer, Schilder, Hindernisse?), die über das Sehen aufgenommen und verarbeitet werden. Die Handlung selbst ist dann manuell, da man Gas gibt, bremst und lenkt (s. auch im Modell von Vollrath, 2010).

Wenn man versucht, beim Fahren gleichzeitig eine zweite Aufgabe durchzuführen, wird das nach Wickens (2002) dann gut möglich sein, wenn diese andere Ressourcen benötigt als das Fahren. Beim Telefonieren mit Freisprechanlage werden sprachliche Informationen aufgenommen und verarbeitet – man hört dem Gesprächspartner zu und versucht, ihn zu verstehen. Dann reagiert man sprachlich, indem man darauf antwortet. Die dazu benötigten Ressourcen sind also ganz andere als die für das Fahren notwendigen. Telefonieren mit Freisprechanlage sollte also das Fahren nicht beeinträchtigen. Auch das Fahren sollte keinen negativen Einfluss auf das Telefongespräch haben.

Umgekehrt stören Nebentätigkeiten das Fahren dann, wenn sie dieselben Ressourcen benötigen. Wenn man beim Fahren das Smartphone in der Hand hält, dort Tetris spielt, nimmt man räumliche Informationen auf und verarbeitet sie (wo muss der nächste Block hin?) und reagiert manuell mit dem Finger auf dem Touchscreen. Die Ressourcen, die für das Spiel benötigt werden, fehlen beim Fahren. Damit kann die Fahraufgabe nicht mehr in der Qualität bearbeitet werden, die möglicherweise benötigt wird. Nach dem Modell von Fuller (2005) sind dann nicht mehr hinreichend viele Fähigkeiten vorhanden, um die Anforderungen zu bewältigen und der Fahrer verliert die Kontrolle.

Die folgenden beiden Abschnitte stellen diese Fähigkeiten und Einflussgrößen darauf etwas ausführlicher dar. Fähigkeiten entwickeln sich mit der Zeit. Ab einem gewissen Alter zeigen sich aber auch Beeinträchtigungen. Diese Gegenpole aus Erlernen und Verlust von Fähigkeiten beschreibt der erste Abschnitt.

Weitere Einflüsse sind eher kurzfristig. Die menschliche Leistungsfähigkeit folgt einem circadianen Rhythmus. Dadurch entsteht auch Müdigkeit, die die Fahrfähigkeit beeinträchtigen kann. Verkehrspsychologische Forschung beschäftigt sich hier vor allem damit, wie Müdigkeit erkannt werden kann und welche Gegenmaßnahmen wirkungsvoll sind, um Müdigkeitsunfälle zu verhindern. Fahrerassistenzsysteme, die den Fahrer warnen und dann eingreifen, wenn er nicht reagiert, werden im Kapitel über „Mensch und Technik" dargestellt. Mit dem Modell von Wickens (2002) war die Nutzung von Ressourcen und Fähigkeiten für andere Tätigkeiten problematisiert worden. Entsprechend geht es dort um die Folgen unterschiedlicher Arten von Ablenkung. Welche Ablenkung taucht im Verkehr wie häufig auf und wie gefährlich ist das eigentlich? Schließlich kann man auch selbst seine Fähigkeiten durch den Konsum von Alkohol und Drogen beeinträchtigen – ab wann wird das denn gefährlich für das Fahren? Die Beantwortung dieser Frage schließt das Kapitel ab.

2.1.1   Erlernen und Verlust von Fähigkeiten – das Alter

Ein Unfall entsteht, wenn die Fähigkeiten des Fahrers nicht ausreichen, um die Anforderungen der aktuellen Fahrsituation zu bewältigen. Wenn die Fähigkeiten bei Fahranfängern noch nicht so gut erlernt sind, müssten diese häufiger Unfälle haben. Wenn im Alter die Fähigkeiten durch Alterungsprozesse abnehmen, müssten auch im höheren Alter häufiger Unfälle geschehen. Diese Überlegungen kann man prüfen, indem man die Anzahl der Unfälle eines Jahres in einer Altersgruppe in Bezug setzt zu den Kilometern, die von Personen dieser Altersgruppe in dem Jahr gefahren wurden. Im Jahr 2023 ereigneten sich nach Angaben des Statistischen Bundesamts (2024) 402 Unfälle mit Personenschäden pro 1 Mrd. zurückgelegte Kilometer. Bestimmt man dieses Unfallrisiko zum Beispiel für 18-Jährige und teilt das durch das Unfallrisiko von 45-Jährigen, erhält man ein relatives Unfallrisiko. Ist dieses größer als 1, haben die 18-Jährigen ein höheres Unfallrisiko. Ist es kleiner als 1, ist das relative Unfallrisiko geringer.

Eine solche Analyse führt Vollrath (2007) durch, bei der knapp 1000 schwere Unfälle aus Braunschweig aus dem Jahr 2002 mit den Daten einer repräsentativen Erhebung der Mobilität (Mobilität in Deutschland 2002; DIW, 2003) pro Altersgruppe verglichen wurden. Abb. 2.3 zeigt das Ergebnis als relatives Unfallrisiko pro Altersgruppe verglichen mit den 45-Jährigen, die das geringste Unfallrisiko hatten.

Ganz vergleichbare Kurven haben viele internationale Unfallstudien ergeben. Sie wird wegen ihrer Form auch als „Badewannenkurve" bezeichnet. Auffällig sind dabei zwei Altersbereiche:

1. Die jungen Fahrer unter 25 Jahren, bei denen die 18-Jährigen das größte Unfallrisiko aufweisen, das sich dann pro Jahr jeweils deutlich reduziert.
2. Die Senioren über 80 Jahren, bei denen das Unfallrisiko mit zunehmendem Alter immer weiter steigt.

Das Lernen in der Fahrschule scheint also nicht zu reichen. Fahranfänger müssen weitere Erfahrungen im Verkehr machen, um ihre Fähigkeiten zu verbessern und damit ihr Unfallrisiko zu mindern. Oder liegt es vielleicht daran, dass 18-Jährige ihre Fähigkeiten überschätzen und zu große Risiken eingehen? Maycock, Lockwood und Lester

Abb. 2.3 Das Unfallrisiko in Abhängigkeit vom Fahreralter (modifiziert nach Vollrath, 2007). Dargestellt ist das relative Unfallrisiko (odds ratio) für jedes Alter im Vergleich zu den Fahrern mit dem geringsten Unfallrisiko (45-jährige Fahrer)

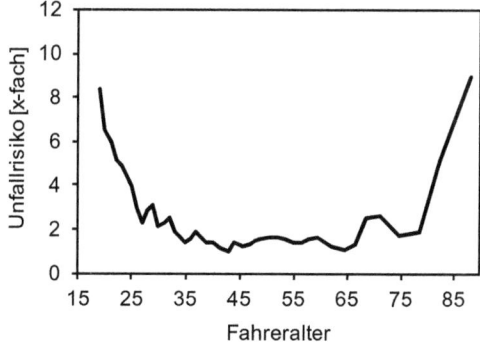

(1991) berechneten entsprechende Unfallrisiken für Fahranfänger, die erst mit 20, 30 oder 50 Jahren anfingen, selbst zu fahren. Bei allen diesen Gruppen zeigte sich ein hohes Unfallrisiko direkt nach Beginn des Fahrens, das sich in den ersten fünf Jahren deutlich reduzierte. Das Anfangsrisiko war aber umso kleiner, je älter die Fahranfänger waren. Woran das liegt, ist nach wie vor ungeklärt. Vieles spricht dafür, dass man seine Fähigkeiten mit dem Alter realistischer einschätzt und weniger Risiken eingeht. Auf der anderen Seite erwirbt man möglicherweise auch dann für das Fahren relevante Fähigkeiten, wenn man sich ohne Auto im Verkehr bewegt.

Eine Studie von McKnight und McKnight (2003) untersuchte im Detail die Fehler von jungen Fahrern bei Unfällen und wie sich diese in den ersten Jahren ändern. Insgesamt war risikoreiches Verhalten nur sehr selten die Ursache. Vielmehr zeigte sich eine Vielzahl von Fehlern bei der Aufmerksamkeit, der Suche nach Informationen, der Wahl einer angemessenen Geschwindigkeit und dem frühzeitigen Erkennen von gefährlichen Situationen. Man muss offensichtlich in verschiedenen Bereichen der Informationsverarbeitung und Handlungssteuerung die Fähigkeiten erst erlernen, die eine sichere Teilnahme als Fahrer im Straßenverkehr ermöglichen.

Wie kann man diesen Lernprozess unterstützen? Man könnte das Lernen beschleunigen und gleichzeitig ohne Gefahren durchführen, wenn man Trainings im Fahrsimulator durchführt. Dort ließen sich einerseits relevante Situationen gezielt herstellen und man muss nicht im Verkehr warten, bis irgendwann mal etwas Gefährliches geschieht. Durch die Simulation wären andererseits Fehler ungefährlich und man könnte die Situationen so häufig wiederholen, bis sie fehlerfrei bewältigt werden. Allerdings ist der Aufwand für derartige Trainings enorm, angefangen von der Definition und Erstellung der relevanten Situationen für den Fahrsimulator.

Aktuell scheint die beste Möglichkeit das begleitete Fahren ab 17 Jahren zu sein. Man darf schon früher seinen Führerschein machen, dann aber nur in Begleitung eines Erwachsenen fahren. Auf diese Weise kann man in einem geschützten Umfeld Erfahrungen machen. Da man begleitet wird, fährt man vermutlich vorsichtiger. Im besten Fall erhält man durch die Begleitung noch Hinweise, dass eine Situation gefährlich sein könnte. Im internationalen Kontext gibt es teilweise auch weitere Einschränkungen, sodass man zum Beispiel nur tagsüber fahren oder keine weiteren jungen Personen mitnehmen darf. Evaluationen zum Beispiel für die gesamte USA zeigten eine deutliche Reduktion tödlicher Unfälle in den Bundesstaaten, die entsprechende Programme eingeführt hatten (Baker et al., 2006).

Dennoch bleibt die Situation der jungen Fahrer unbefriedigend. Verkehrspsychologische Forschung im Hinblick auf ein besseres Verständnis der Ursachen der Fehler von Fahranfängern wird hier ebenso benötigt wie Ideen und Evaluationen von Maßnahmen, die diese Fehler vermeiden können.

Aber was ist das Problem der rechten Seite der Badewannenkurve, bei den Senioren mit ihren abnehmenden Fähigkeiten? Schlag (1993) erstellte eine lange Liste von

Defiziten, die sich im Alter entwickeln. Wahrnehmung und Aufmerksamkeit funktionieren weniger gut, die Verarbeitung der Informationen ist verlangsamt und auch bei
der Ausführung finden sich Probleme. Erreicht man irgendwann einen Zustand, in
dem die Fähigkeiten einfach zu gering sind, um noch sicher fahren zu können? Im
Prinzip ist das der Ansatz der oben beschriebenen MPU, der medizinisch-
psychologischen Untersuchung. Man testet verschiedene Fähigkeiten, die für das sichere Fahren relevant sind. Sind diese nicht gut genug ausgeprägt, kann der Führerschein nicht erworben werden. Allerdings wird diese MPU erst dann eingesetzt, wenn
man im Verkehr auffällig geworden ist. Man müsste also ab einem bestimmten Alter
eine regelmäßige Testung der für das sichere Fahren relevanten Fähigkeiten einführen
und den Führerschein entziehen, wenn sich hier Defizite zeigen.

Und was sind wirklich die Fähigkeiten, die man für ein sicheres Fahren benötigt?
Wie stark dürfen diese beeinträchtigt sein, damit man noch fahren darf? Owsley et al.
(1991) untersuchten bei älteren Fahrern verschiedene Indikatoren für visuelle und
kognitive Fähigkeiten und versuchten damit vorherzusagen, wer von den Senioren in
den letzten Jahren Autounfälle verursacht hatte. Das Ergebnis war deprimierend: Obwohl teilweise deutliche Beeinträchtigungen festzustellen waren, konnten weniger
als 20 % der Unfälle damit in Verbindung gebracht werden. Eine mögliche Erklärung
dafür ist, dass Fähigkeiten zwar verloren gehen, gleichzeitig aber die Fahrerfahrung
immer mehr wächst. Wenn man entsprechend vorsichtig und vorausschauend fährt,
kann man gefährliche Situationen möglicherweise so frühzeitig erkennen, dass man
sie entschärfen kann. Damit gleicht man möglicherweise durch die Erfahrung einen
Verlust von Fähigkeiten aus. Wenn man nur tagsüber bei wenig Verkehr und nur be-
kannte Strecken fährt, kann man die aktuellen Anforderungen der Situation verringern. Beides führt nach dem Modell von Fuller (2005) dazu, dass Unfälle vermieden werden.

Eine Studie von Hakamies-Blomqvist, Raitanen und O'Neill (2002) unterstützt
diese Überlegungen. In der Studie wurde die Anzahl der Unfälle pro Jahr pro Millio-
nen Kilometer bei jungen und alten Fahrern erfasst. Zusätzlich wurde die jährliche
Fahrleistung erhoben und junge und alte Fahrer nach Personen mit aktuell niedriger,
mittlerer und hoher Fahrerfahrung eingeteilt. Abb. 2.4 zeigt das Ergebnis. Bei beiden
Gruppen ist auffällig, dass das Unfallrisiko bei geringer aktueller Fahrerfahrung deutlich erhöht ist und bei den Personen mit hoher aktueller Fahrerfahrung am niedrigsten.
Interessant ist allerdings, dass in der Gruppe mit niedriger aktueller Fahrerfahrung die
jungen Fahrer ein deutlich höheres Unfallrisiko hatten als die alten Fahrer. Hier scheint
die lebenslange Fahrerfahrung diesen alten Fahrern einen Vorteil zu geben, auch wenn
sie aktuell nicht viel fahren und ihnen so möglicherweise die entsprechende aktuelle
Übung fehlt.

Die Studie macht auch deutlich, dass die einfache Berechnung des Unfallrisikos
pro Kilometer irreführend ist. Es zeigt sich, dass sich die alten Fahrer überwiegend in

Abb. 2.4 Das Unfallrisiko in Abhängigkeit von der aktuellen Fahrerfahrung pro Jahr für junge und alte Fahrer im Vergleich (modifiziert nach Hakamies-Blomqvist et al., 2002, S. 273)

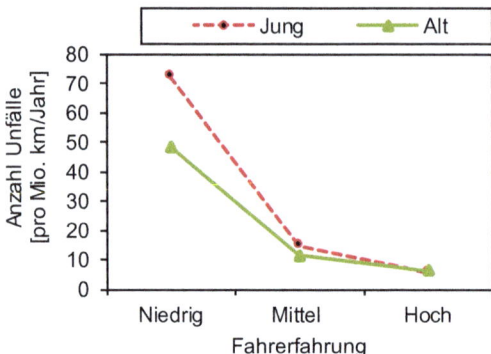

der Gruppe mit niedriger aktueller Fahrerfahrung befanden. Bei den jungen Fahrern überwogen dagegen die Personen, die eine mittlere oder hohe aktuelle Fahrerfahrung hatten. Berücksichtigt man das nicht, so vergleicht man alte Personen mit niedriger aktueller Fahrpraxis mit jungen Personen mit mittlerer und hoher aktueller Fahrpraxis. Dann scheint es so, als hätten die alten Fahrer aufgrund ihres Alters eine höheres Unfallrisiko als junge Fahrer. Das Hauptproblem der alten Fahrer scheint aber eher zu sein, dass sie aktuell nicht mehr so viel fahren und ihnen die aktuelle Fahrpraxis verloren geht. Hinzu kommt, dass ihre Fahrten eher im städtischen Bereich stattfinden, wo sich auch insgesamt ein höheres Unfallrisiko findet.

Zusammenfassend scheint es nicht zielführend zu sein, Senioren auf ihre Leistungsfähigkeit zu testen und den Führerschein zu entziehen, wenn hier Defizite auftreten. Wie oben dargestellt ist, ist dieser Ansatz nicht zu begründen. Das erhöhte Unfallrisiko älterer Fahrer pro Kilometer scheint außerdem ein methodisches Artefakt zu sein, da ältere Fahrer kürzere Strecken in komplexeren Situationen zurücklegen. Um die Unfälle von alten Fahrern zu reduzieren, scheint es wichtig zu sein, die Fahrpraxis zu erhalten und sie beim Fahren zu unterstützen. Rückmeldefahrten, bei denen ein Fahrlehrer mit dem älteren Fahrer fährt und gezielt Hinweise gibt, könnten hier ein Ansatz sein. Fastenmeier et al. (2003) entwickelten zum Beispiel eine solches Konzept und konnten damit sehr positive, längerfristige Wirkungen aufzeigen.

Dieser erste Abschnitt gab einen kurzen Überblick über das Erlernen und den Verlust von fahrrelevanten Fähigkeiten und deren Auswirkungen im Hinblick auf die Verkehrssicherheit. Das sind zwei wesentliche Aspekte der Fähigkeiten im Modell von Fuller (2005). Hinzu kommen die von ihm so bezeichneten „Human Factors". Die wichtigsten davon und ihre Auswirkungen werden im nächsten Abschnitt dargestellt.

2.1.2 Kurzfristige Veränderungen der Fähigkeiten

Das in Abb. 2.2 dargestellte Modell von Wickens (2002) weist einerseits darauf hin, dass Nebentätigkeiten die zum Fahren benötigten Fähigkeiten beeinträchtigen können, wenn die Nebentätigkeiten auf dieselben Ressourcen zurückgreifen, die auch für die Fahraufgabe wichtig sind. Andererseits ist kein negativer Effekt zu erwarten, wenn die Nebentätigkeiten auf die anderen menschlichen Ressourcen zurückgreifen. Dieses Modell ist auf Basis einer Literaturübersicht von vorhandenen empirischen Studien entstanden. Aber ist es tatsächlich auch so im Verkehr anwendbar? Nach dem Modell von Fuller (2005) führt eine Beeinträchtigung der relevanten Fähigkeiten zu einem Unfall. Entsprechend sollte bei bestimmten Nebentätigkeiten das Unfallrisiko erhöht sein im Vergleich zu Fahrten ohne Nebentätigkeiten. Aber wie prüft man diese Überlegung?

Eine Möglichkeit sind „Naturalistic Driving Studies". Bei dieser Studienform werden Fahrzeuge mit Kameras und Messtechnik ausgerüstet und Fahrer nutzen dann diese Fahrzeuge für ihre alltäglichen Wege über einen längeren Zeitraum bis zu einem Jahr. Auf Basis der Messungen können Unfälle oder Beinahe-Unfälle erkannt werden, zum Beispiel Auffahrunfälle oder Beinahe-Unfälle, bei denen der Fahrer es noch gerade geschafft hatte, den Unfall durch eine Vollbremsung zu vermeiden. Man kann dann die Videos direkt vor dem Unfall ansehen und dort feststellen, ob der Fahrer abgelenkt war, also zum Beispiel telefoniert hat oder mit dem Smartphone in der Hand Eingaben vorgenommen hat. Für jede solche Situation kann man dann bei demselben Fahrer eine zweite unfallfreie Fahrt unter vergleichbaren Umständen suchen (zum Beispiel zu der gleichen Tageszeit, dem gleichen Wochentag, der gleichen Straßenart), dort ebenfalls das Video ansehen und wiederum feststellen, ob der Fahrer abgelenkt war oder nicht.

Warum ist das notwendig? Wenn man bei 10 % der Unfälle findet, dass die Fahrer vorher auf dem Smartphone getippt haben, bedeutet das für sich zunächst gar nichts. Es könnte ja sein, dass die Fahrer bei 20 % der unfallfreien Fahrten auf dem Smartphone getippt hatten. Wenn das der Fall wäre, das würde das Tippen sogar vor Unfällen schützen, da dies häufiger bei unfallfreien Fahrten auftaucht als bei Unfällen. Nur wenn das Tippen häufiger vor Unfällen zu finden ist als bei unfallfreien Fahrten, geht man von einer Erhöhung des Unfallrisikos aus. Man berechnet dies, indem man die folgende Formel nutzt („N" steht für „Anzahl"):

$$Odds\ Ratio = \frac{\dfrac{N\ Fahrer\ mit\ Tippen\ vor\ Unfall}{N\ Unfälle}}{\dfrac{N\ Fahrer\ mit\ Tippen\ bei\ unfallfreier\ Fahrt}{N\ unfallfreie\ Fahrten}}$$

Dieses Odds Ratio ist als relatives Unfallrisiko zu interpretieren. Es beschreibt, wieviel häufiger (oder seltener) eine bestimmte Einflussgröße direkt vor Unfällen zu finden ist im Vergleich zu unfallfreien Fahrten. Wenn also die relative Häufigkeit des Tippens vor dem Unfall deutlich größer ist als bei unfallfreien Fahrten, ist dieses Odds Ratio größer als 1. Wenn es genau gleich ist, entsteht ein Odds Ratio von 1. Wenn das Tippen vor Unfällen kleiner ist als bei unfallfreien Fahrten, dann ist das Odds Ratio kleiner als 1.

Victor et al. (2015) analysierten die Daten einer großen Naturalistic Driving Study aus den USA, der SHRP2-Studie. Dort wurden 254 Auffahrunfälle und Beinah-Unfälle mit entsprechend vielen unfallfreien Fahrten verglichen. Abb. 2.5 zeigt die Odds Ratios für die vier häufigsten Nebentätigkeiten. Bei der Bedienung des Radios und des Telefons zeigte sich jeweils etwa eine Verdoppelung des Unfallrisikos, was allerdings bei der Stichprobengröße auch ein zufälliges Ergebnis sein könnte. Sehr deutlich und statistisch signifikant war die 5.6-fache Erhöhung des Unfallrisikos beim Texten auf dem Smartphone. Für die Autoren überraschend war das letzte Er-gebnis: Beim Telefonieren war das Unfallrisiko 10-fach kleiner! Eine Ablenkung kann sogar das Fahren sicherer machen?

Nach dem Modell von Wickens (2002) war das Ergebnis beim Texting zu erwarten, da diese Nebentätigkeit auf dieselben Ressourcen zugreift, die für das sichere Fahren benötigt werden. Beim Telefonieren werden andere Ressourcen genutzt, sodass man nach dem Modell erwarten würde, dass das Fahrverhalten nicht beeinträchtigt wird. Dass es aber sogar positive Effekte gibt, kann das Modell nicht erklären. Victor et al. (2015) konnten aus den Videos auch die Blicke der Fahrer analysieren und fanden eine Erklärung: Beim Telefonieren bleibt der Blick nach vorne auf die Straße gerichtet, wäh-rend die Fahrer sonst auch in andere Bereiche der Umwelt sahen. Auffahrunfälle ent-

Abb. 2.5 Das Odds Ratio (logarithmische Darstellung) als x-faches Unfallrisiko in Abhängigkeit von ver-schiedenen Nebentätigkeiten (nach Victor et al., 2015). Werte über 1 entsprechen einer Erhöhung des Risikos, Werte unter 1 einer Ver-ringerung

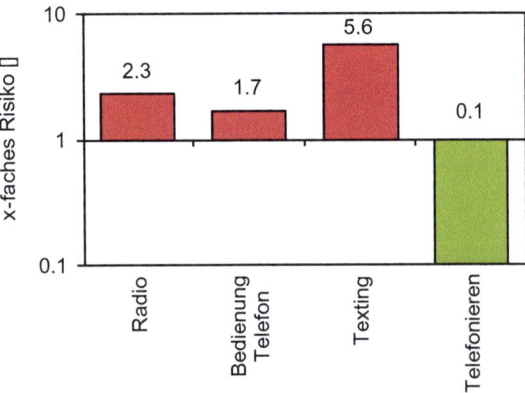

stehen, weil entweder ein Hindernis plötzlich auf der Straße auftaucht oder der Vorderfahrer bremst. Das Ereignis, auf das der Fahrer reagieren muss, geschieht also direkt vorne auf der Straße, wo die telefonierenden Fahrer hinschauten. Während die akustische und kognitive Aufmerksamkeit des Fahrers durch das Telefonieren abgelenkt ist, wird die visuelle Aufmerksamkeit durch das Telefonieren dahin gerichtet, wo die relevante Information liegt. Dadurch werden Auffahrunfälle vermieden.

Wenn diese Interpretation stimmt, dann sollte der positive Effekt des Telefonierens dann verschwinden, wenn die relevanten Reize nicht direkt vorne liegen, also zum Beispiel, wenn ein Radfahrer von rechts kommt oder sich ein Fußgänger seitlich der Straße nähert. Entsprechende Studien dazu sind mir allerdings nicht bekannt. Hier gibt es eine weitere Forschungslücke für die zukünftige Verkehrspsychologie. Sehr deutlich ist allerdings, dass Texting oder auch das Bedienen von Apps auf dem Smartphone das Unfallrisiko wesentlich erhöht. Aber wie groß ist das Problem wirklich, das dadurch im Verkehr in Deutschland entsteht?

In Deutschland gibt es bisher keine hinreichend großen Naturalistic Driving Studies, um diese Frage zu beantworten. Auch die Unfallstatistik der Polizei erfasst nicht systematisch, ob vor dem Unfall das Smartphone genutzt wurde. Aber es gibt zumindest Daten aus Verkehrsbeobachtungen darüber, wie häufig im unfallfreien Verkehr in Deutschland das Smartphone am Steuer genutzt wird. Maier et al. (2024) lieferten die Häufigkeiten der Smartphonenutzung im Verkehr in Deutschland im Jahr 2022 mit Hilfe von Verkehrsbeobachtungen, was zuerst von Vollrath et al. (2016) in Deutschland eingeführt wurde. Abb. 2.6 zeigt die Ergebnisse.

Die linken beiden Balken zeigen die Häufigkeit des Telefonierens, entweder mit dem Handy in der Hand (1.3 %) oder mit Freisprechanlage bzw. Kopfhörern (1.3 %). Diese 2.6 % Fahrten mit Ablenkung sind grün dargestellt, weil dies zumindest im

Abb. 2.6 Häufigkeiten der Smartphone-Nutzung durch Pkw-Fahrer in Deutschland im Jahr 2022 (nach Maier et al., 2024)

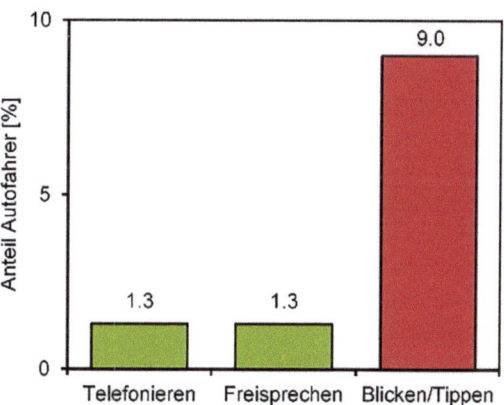

Hinblick auf Auffahrunfälle einen positiven Effekt haben könnte. Bei insgesamt 9 % der Fahrer wurde eine aktive Nutzung des Smartphones oder eines Gerätes in der Mittelkonsole (Blick und Tippen) beobachtet (3.7 %) oder zumindest ein Blick nach unten bzw. in die Mittelkonsole (5.3 %). Gerade die Nutzung, die zu einer Blickabwendung führt und dieselben Ressourcen nutzt wie die Fahraufgabe wird damit relativ häufig durchgeführt. Während die Fahrer dies tun, ist ihr Unfallrisiko deutlich erhöht.

Ablenkung durch die aktive Nutzung des Smartphones scheint also in Deutschland aktuell ein großes Problem zu sein. Die Verkehrspsychologie trägt dazu bei, die Häufigkeit und Gefährlichkeit dieser Einflussgröße auf Unfälle zu bewerten. Da es sich hier um ein Verhalten des Fahrers handelt, ist es natürlich auch ein wesentliches Thema, zu verstehen, warum Fahrer dies tun und wie man dieses gefährliche Verhalten ändern kann. Darauf wird im nächsten Abschnitt weiter eingegangen.

Aus theoretischer Sicht entsteht die Gefährdung durch die Nutzungs des Smartphones dadurch, dass menschliche Ressourcen verbraucht werden, die eigentlich für das sichere Fahren benötigt werden. Menschen haben aber noch eine andere Möglichkeit, ihre Fähigkeiten zu verringern. Psychotrope Substanzen wie Alkohol oder Cannabis werden gerne wegen ihrer positiven emotionalen oder sozialen Wirkungen konsumiert, aber können auch die Fähigkeiten beeinträchtigen, sodass diese nicht mehr ausreichen, die Anforderungen der Fahraufgabe zu bewältigen. Aber ist wirklich jeder Alkohol schädlich?

Auch dies ist eine Frage für die Verkehrspsychologie. Krüger und Vollrath (2004) führten erstmals in Deutschland eine Studie zum Unfallrisiko unter Alkohol durch. Dazu wurde bei allen Unfällen in Unterfranken im Jahr 1993 bei den Unfallverursachern der Blutalkoholwert bestimmt. Mit Hilfe eines Roadside-Surveys (Anhalten von Autofahrern in Zusammenarbeit mit der Polizei und Befragung) wurden von 1992 bis 1994 parallel dazu in Unterfranken Alkoholmessungen bei unfallfreien Fahrten durchgeführt. Die Ergebnisse wurden so gewichtet, dass sie von der Struktur her den Fahrten in Deutschland entsprachen. Vergleichbar wie bei der Ablenkung konnte dann ein Odds Ratio berechnet werden: Wie viel häufiger ist eine bestimmte Alkoholkonzentration bei Unfällen im Vergleich zu unfallfreien Fahrten? Abb. 2.7 zeigt die entsprechenden Werte getrennt für junge Fahrer unter 25 Jahren und ältere Fahrer. Hier ist die y-Achse zu beachten, wo die Werte logarithmisch dargestellt sind.

Bei den älteren Fahrern erkennt man, dass das Unfallrisiko unter 0.5 Promille sogar etwas niedriger ist als bei den nüchternen Fahrern. Dieser Befund wurde auch international immer wieder gefunden. Möglicherweise merkt der Fahrer in diesem Bereich, dass er etwas getrunken hat und fährt entsprechend vorsichtiger. Gleichzeitig sind die objektiven Wirkungen bei erfahrenen Fahrern nicht so stark, sodass insgesamt das Unfallrisiko sogar kleiner wird. Ab 0.5 Promille steigt das Unfall-

Abb. 2.7 Alkoholbedingtes Unfallrisiko (Odds Ratios; logarithmische Darstellung) in Abhängigkeit der Alkoholisierung (BAK in Promille) für junge (18–24 Jahre) und ältere Fahrer (nach Krüger & Vollrath, 2004)

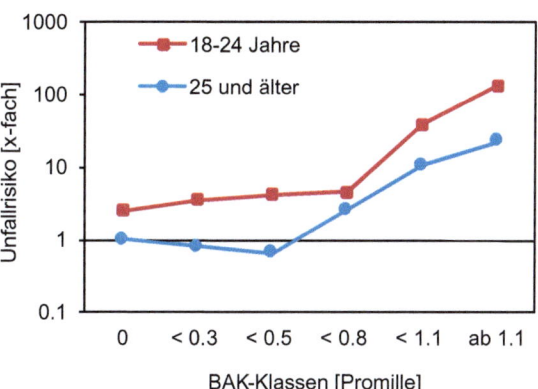

risiko deutlich an. Dieser Befund trug dazu bei, dass 1998 die Promillegrenze von 0.8 auf 0.5 Promille gesenkt wurde. Im Bereich über 1.1 Promille ist das Unfallrisiko etwa 22-fach so groß wie nüchtern.

Interessant ist auch das Ergebnis bei den jüngeren Fahrern unter 25 Jahren. Bereits nüchtern ist ihr Unfallrisiko erhöht, wie man es ja auch entsprechend den Darstellungen oben erwarten würde. Bei den jüngeren Fahrern führen aber schon Alkoholkonzentrationen bis 0.3 oder 0.5 Promille zu einer leichten Erhöhung des Unfallrisikos und nicht zu einer Reduktion wie bei den älteren Fahrern. Der Effekt der hohen Alkoholisierungen ist deutlich stärker und liegt bei dem 135-fachen Unfallrisiko bei Blutalkoholkonzentrationen über 1.1 Promille.

Diese Befunde entsprechen sehr gut dem Modell von Fuller (2005). Die Fähigkeiten junger Fahrer sind geringer ausgeprägt, weil ihnen die Fahrerfahrung fehlt. Deshalb ist das Unfallrisiko auch nüchtern schon erhöht. Unter Alkohol werden dann die Fähigkeiten noch weiter reduziert, sodass sie damit schneller in den Bereich geraten, wo die Fähigkeiten nicht mehr ausreichen, um die Fahraufgabe sicher zu bewältigen. Auch dieses Ergebnis wurde vom Gesetzgeber genutzt, um junge Fahrer zu schützen. Seit 2007 gilt für Fahrer unter 21 Jahren die 0-Promille-Grenze.

Ist damit die verkehrspsychologische Forschung zu Alkohol abgeschlossen? Die in Abb. 2.7 dargestellte Alkoholrisikofunktion ist sicherlich ein wichtiges Ergebnis für die Gesetzgebung und Prävention, aber es bleiben doch viele Fragen offen. Ganz wesentlich ist die Frage, warum eigentlich Alkohol zu Unfällen führt. Fehlen tatsächlich die Fähigkeiten, wie man es nach dem Modell von Fuller (2005) vermuten würde? In einer Studie von Vollrath und Fischer (2017) zeigte sich ganz im Gegenteil, dass Unfälle im Fahrsimulator unter Alkohol eher in einfachen Situationen geschehen, bei denen die Anforderungen durch die Fahraufgabe gering sind als in komplexen Fahrsituationen mit hohen Anforderungen. Nach dem Modell von Fuller (2005) müsste das Gegenteil gelten. Es scheint eine Rolle zu spielen, inwieweit die Fahrer aktiv versuchen, Alkoholwirkungen zu kompensieren, um sicher zu fahren. Dies war oben als Erklärung für das geringere Unfallrisiko älterer Fahrer unter Alkohol im Bereich unter 0.5 Promille beschrieben worden. Hier besteht sicherlich weiterer Forschungsbedarf.

Ein wesentliches Ergebnis ist allerdings unbestritten: Je höher die Alkoholkonzentration, desto größer ist das Unfallrisiko. Oder anders formuliert: Erst ab einer bestimmten Substanzkonzentration ist diese Substanz wirklich gefährlich im Verkehr. Dies ist ein Punkt, der mit der Legalisierung von Cannabis in Deutschland 2024 sehr aktuell wird. Mit welcher Konzentration von THC (der wesentliche Wirkstoff in Cannabis) im Blut darf man denn noch fahren? Aktuell wurde der Grenzwert auf 3.5 ng/ml. Dies ist sicherlich sinnvoll, weil internationale Studien (zum Beispiel Longo et al., 2000a, b) zeigen, dass sich bei THC- Konzentrationen zwischen 1 und 2 ng/ml sogar ein geringeres Unfallrisiko als nüchtern ergab, ähnlich wie bei Alkohol unter 0,5 Promille bei älteren Fahrern. Insofern ist dieser aktuelle Grenzwert sicherlich sinnvoll. Verkehrspsychologisch interessant bleibt auch hier zu verstehen, warum bei höheren Konzentrationen Unfälle geschehen. Die Wirkmechanismen sind sicherlich andere als bei Alkohol, weil das Wirkprofil ein anderes ist.

Die andere verkehrspsychologische Frage beim Fahren unter Alkohol und Drogen und beim Tippen auf dem Smartphone ist, warum Fahrer dies tun, obwohl man doch eigentlich wissen müsste, dass es gefährlich und sogar verboten ist. Die gleiche Frage stellt sich für anderes Fehlverhalten: Warum fahren Radfahrer bei Rot über die Ampel? Warum fahren sie in die falsche Richtung? Warum fahren Autofahrer viel zu schnell? Der Fokus der Forschung verändert sich hier von der Untersuchung der Auswirkungen auf das Verhalten im Sinne des Unfallrisikos zum Verstehen der Ursachen des Verhaltens. Darum geht es im folgenden Kapitel.

2.2   Einstellungen und bewusstes Fehlverhalten

Wenn man als Radfahrer auf dem Radweg auf der linken Straßenseite regelwidrig fährt, scheint dies zu einem höheren Unfallrisiko zu führen (zum Beispiel Alrutz et al., 2009). Als Radfahrer ist einem das eigentlich auch bewusst. Autofahrer, die von einem Parkplatz kommen und nach rechts abbiegen wollen, rechnen nicht damit, dass Radfahrer von rechts kommen (s. Abschn. 1.2, Räsänen & Summala, 1998). Warum machen Radfahrer das trotzdem?

Die Verkehrspsychologie greift hier gerne auf ein Modell aus der Sozialpsychologie zurück. Ajzen (1991) stellte die „Theory of Planned Behavior" vor (s. Abb. 2.8).

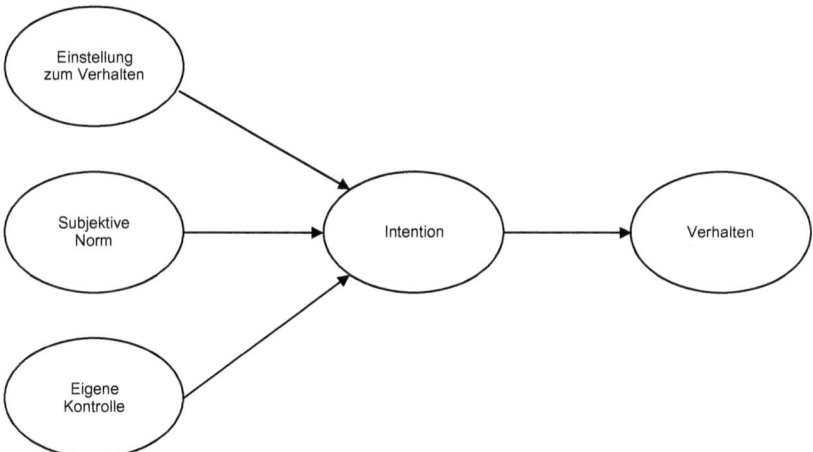

Abb. 2.8 Das Modell der Theory of Planned Behavior (modifiziert nach Ajzen, 1991, S. 192). Zur Erklärung siehe Text

Die Grundidee war, dass ein bestimmtes Verhalten von einer Intention, also einer Absicht, abhängt. Auf eine gewisse Weise plant der Radfahrer, in die falsche Richtung zu fahren. Es geschieht nicht zufällig.

Wovon hängt diese Absicht, diese Intention ab? Nach Ajzen (1991) sind es drei Faktoren:

1. Die Einstellung zum Verhalten: Wenn man es grundsätzlich eher gut findet, in die falsche Richtung zu fahren, wird man auch die Absicht entwickeln, dies zu tun. Gründe dafür könnten zum Beispiel sein, dass es viel Zeit spart oder viel einfacher ist, sein Ziel zu erreichen.
2. Die subjektive Norm: Wenn man das Verhalten für grundsätzlich in Ordnung hält, zum Beispiel weil man glaubt, dass die Freunde und Familie es auch tun, oder weil man glaubt, dass alle Radfahrer das machen, dann wird man auch eher selbst in die falsche Richtung fahren.
3. Eigene Kontrolle: Je freier man ist, das Verhalten selbst steuern zu können, umso eher wird man es tun. Wenn also genügend Platz ist und ich sowieso schon auf der linken Straßenseite bin, warum sollte ich dann nicht in die falsche Richtung fahren?

Man sieht beim dritten Punkt, dass dieses Modell eigentlich für wünschenswerte Verhaltensweisen gedacht ist. Wenn Menschen eigentliche gerne Sport machen würden, aber sie einfach keine Zeit haben oder keine Sportstätten in der Nähe, dann hätten sie eine geringe Kontrolle und das könnte dazu führen, dass sie sich eben nicht konkret vornehmen, heute Abend zum Sport zu gehen. Bei regelwidrigem Verhalten geht es vielleicht eher darum, dass das regelkonforme Verhalten zu Nachteilen führt oder schwierig auszuführen ist. Auch hier ist sicherlich noch Forschungsbedarf.

Huemer (2018) ergänzte dieses Modell durch zwei Aspekte aus der Abschreckungstheorie, da es sich beim Fahren in die falsche Richtung um ein verbotenes Verhalten handelt. Der erste Aspekt ist die erlebte Entdeckungshäufigkeit: Für wie wahrscheinlich hält man es, dass man von der Polizei angehalten wird, wenn man in die falsche Richtung fährt? Der zweite Aspekt hängt mit der Strafe zusammen: Wie schlimm findet man die Strafe? Je wahrscheinlicher es erscheint, angehalten zu werden und je schlimmer man die Strafe findet, umso weniger wahrscheinlich wird man in die falsche Richtung radeln. Was hier noch eine Rolle spielen könnte, ist das Rechtswissen. Weiß man überhaupt, dass es verboten ist, in die falsche Richtung zu fahren? Wenn nicht, dann bleibt die ganze Abschreckung wirkungslos.

Bei der Befragung von knapp 200 Radfahrern in Braunschweig zeigte sich allerdings, dass nur zwei dieser Faktoren wirklich wichtig zu sein schienen, um zu erklären, warum ein Radfahrer in die falsche Richtung fährt (Huemer, 2018). Bei diesem Fehlverhalten spielt die Einstellung die wesentliche Rolle, also meine subjektive Bewertung, ob ich das Falschfahren eher positiv oder negativ bewerte. Weder die subjektive Norm noch die eigene Kontrolle waren wichtig. Hinzu kam die subjektive Entdeckungswahrscheinlichkeit: Je eher man glaubt, dass man sowieso nicht von der Polizei angehalten wird, umso eher fuhr man in die falsche Richtung. Die erlebte Strafschwere spielte keine Rolle. Auch das Regelwissen war nicht wichtig, wobei die überwiegende Menge der Radfahrer wussten, dass das Fahren in die falsche Richtung verboten ist.

Für die Prävention ist die Botschaft klar: Die Polizei hat begrenzte Kapazitäten. Eine Erhöhung der Entdeckungswahrscheinlichkeit ist deshalb kaum umzusetzen. Also muss man die Einstellung ändern – und das ist das Thema für die Verkehrspsychologie! Aber wie ändert man diese Einstellung? Auch hier besteht Forschungsbedarf.

Anja Huemer untersuchte in ihrer Studie noch ein zweites Fehlverhalten, das Radeln ohne Licht. Die gleichen (angepassten) Einflussfaktoren wurden untersucht, aber das Ergebnis war ein völlig anderes. Der einzige signifikante Einflussfaktor kam aus dem Bereich der eigenen Kontrolle: Die Radfahrer, die glaubten, das Licht in der Nacht in der Stadt nicht zu brauchen, fuhren eher ohne Licht. Man fährt also nicht ohne Licht, weil man das gut findet, oder weil alle das machen, sondern weil man es nicht für notwendig hält, um selbst sicher zu radeln. Die Strategie für eine Prävention müsste hier völlig anders sein. Der Radfahrer muss verstehen: Es geht nicht darum, dass man selbst ohne Licht sehr sicher Radfahren kann. Licht ist notwendig, damit Autofahrer den Radfahrer in der Nacht sehen können und ihn nicht überfahren. Als Radfahrer muss man sich selbst durch Licht schützen.

Unfälle geschehen, weil die aktuell verfügbaren Fähigkeiten nicht ausreichen, um die Verkehrssituation sicher zu bewältigen. Das wurde im ersten Teil des Kapitels dargestellt. Junge Fahrer müssen die Fähigkeiten erst erlernen. Alte Fahrer haben eine lebenslange Fahrerfahrung und können damit den altersbedingten Verlust der Fähigkeiten kompensieren, wenn sie in Übung bleiben und in entsprechend einfachen Verkehrssituationen fahren. Durch Alkohol und Drogen, aber auch Müdigkeit, können die aktuellen Fähigkeiten eingeschränkt werden. Die Fahrer sollten hier ihre Grenzen kennen und bei zu hohen Beeinträchtigungen nicht mehr fahren. Die Verkehrspsychologie trägt dazu bei, diese Grenzen zu kennen und zu kommunizieren.

Menschen verhalten sich aber teilweise auch mehr oder weniger bewusst gefährlich im Verkehr. Das war das Thema des zweiten Teils. Die Einstellung zu dem gefährlichen Verhalten, das gesellschaftliche Klima und Normen, aber auch die vorhandenen Verhaltensalternativen sind hier Aspekte, wo die Verkehrspsychologie Ansätze für Prävention liefern kann, die empirisch abgeleitet und evaluiert sind.

Beide Themenbereiche sind sehr eng mit den Grundlagen der Psychologie verbunden, wie auch die Darstellung der verschiedenen Modelle zeigte. Allgemeine Erkenntnisse über die Steuerung des Verhaltens und Erlebens liefern Ansatzpunkte, um Fehler und Fehlverhalten im Verkehr zu verstehen. Dies wiederum ermöglicht es, dieses Verhalten zu verändern. Der wissenschaftliche Ansatz der (Verkehrs-) Psychologie verlangt natürlich, dass diese Ideen zu Veränderungen evaluiert werden. Dies ist einerseits notwendig, um wirklich effektive Maßnahmen einzusetzen. Andererseits geht es darum, das Verhalten des Menschen im Verkehr besser zu verstehen und so das Wissen und die Wissenschaft voranzubringen.

Die Verkehrspsychologie würde aber ihr Thema verfehlen, wenn sie sich nur auf den Menschen, seine Fähigkeiten, seine Einstellungen und sein Verhalten konzentrieren würde. Das Auto entwickelt sich immer weiter. Fahrerassistenzsysteme und Automation unterstützen den Fahrer, können Fehler verhindern oder Teile der Fahraufgabe übernehmen. Wie ist das für den Fahrer? Macht das Fahren dann noch Spaß? Und wird das Fahren damit sicherer? Wie ist das für andere Verkehrsteilnehmer wie Radfahrer oder Fußgänger, die sich mit automatisierten Fahrzeugen im Verkehr bewegen müssen? Diese Themen werden im nächsten Kapitel dargestellt.

Hinzu kommt, dass gerade bei Radfahrern und Fußgängern die Verkehrsumwelt eine wesentliche Rolle spielt. Schlechte Radwege und Fußwege können dazu führen, dass man doch lieber mit dem Auto fährt. Aber was sind gute und sichere Radwege? Was ist den Menschen dabei überhaupt wichtig? Kann man die Infrastruktur so gestalten, dass Autos sicherer fahren im Hinblick auf Radfahrer, also diese nicht übersehen und große Abstände beim Überholen halten? Diese Aspekte werden dann im vierten Kapitel untersucht.

Mensch und Technik im Verkehr

Die Weiterentwicklung des Fahrzeugs hat auch dazu geführt, dass das Fahren immer sicherer wird. Dies betrifft einerseits die passive Sicherheit: Wenn ein Unfall passiert, dann sind die Folgen für Beifahrer und Fahrer mit zunehmender Entwicklung der Fahrzeuge immer geringer geworden. Sicherheitsgurte und Airbags sind hier zwei Beispiele, um Todesfälle zu vermeiden und Verletzungen zu minimieren. Durch die Weiterentwicklung der Sensorik und der Möglichkeiten, als Fahrzeug selbst einzugreifen, wird es möglich, Unfälle auch zu vermeiden. Dies bezeichnet man als aktive Sicherheit. Allerdings hat dies Konsequenzen für den Fahrer. Bei Unfällen spielen fast immer Fehler des Menschen eine Rolle. Wenn man den Unfall vermeiden will, muss man Fehler des Menschen korrigieren. Ein Notbremsassistent bringt das Fahrzeug zum Stillstand, wenn der Mensch nicht bremst. Der Spurhalteassistent lenkt zurück in die Spurmitte, wenn der Mensch dies nicht tut. Bei diesen Systemen arbeitet die Technik gegen das Verhalten des Menschen. Versteht der Fahrer, dass das gut gemeint ist, und erlebt er das tatsächlich als Unterstützung?

Diese Frage stellt sich bei der ersten Idee der technischen Unterstützung des Menschen – Technik zur Warnung und Unfallvermeidung, die damit letztlich Fehler des Menschen korrigiert. Die zweite Idee der technischen Unterstützung könnte man aus dem Modell von Fuller (2005) ableiten. Wenn Unfälle dadurch entstehen, dass der Fahrer durch die Fahraufgabe überfordert ist, dann kann man ihm doch Teile dieser Fahraufgabe abnehmen. Ein Abstandsregeltempomat hält die Geschwindigkeit, die man als Fahrer einstellt. Wenn man sich langsameren Fahrzeugen annähert, dann verzögert das System und folgt dem langsamen Fahrzeug in einem sicheren Abstand. Fortgeschrittene Systeme halten selbst die Spur durch Lenkeingriffe, erkennen Geschwindigkeitsbegrenzungen und Kurven, passen die Geschwindigkeit entsprechend

M. Vollrath, *Verkehrspsychologie*, Was ist eigentlich …?, https://doi.org/10.1007/978-3-662-70644-2_3

automatisch an und lenken auch selbstständig um die Kurve. Der Fahrer übernimmt die restlichen Teile der Fahraufgabe und muss das System überwachen, da momentan diese Systeme noch fehlerhaft arbeiten. Damit werden nicht nur die Fahraufgaben weniger (nicht mehr Gas geben und bremsen), sondern sie ändern sich (vom aktiven Fahrer zum Überwacher des Systems). Einerseits werden damit weniger Fähigkeiten benötigt, was zu weniger Unfällen führen sollte. Andererseits werden andere Fähigkeiten benötigt. Verkehrspsychologisch geht es darum, ob Menschen wirklich gut Systeme überwachen können.

Im nächsten Abschnitt werden zunächst die Entwicklungen bei den technischen Systemen dargestellt, die Fehler des Fahrers korrigieren sollen und so Unfälle verhindern. Funktioniert das? Wie müssen diese Systeme gestaltet sein, damit es funktioniert? In einem zweiten Teil werden dann die Auswirkungen von Systemen dargestellt, die dem Fahrer immer mehr Teile der Fahraufgabe abnehmen. Welche Folgen hat das für den Fahrer? Wird der Verkehr so tatsächlich sicherer?

Im letzten Abschnitt wechseln wir dann die Perspektive. Radfahrer, Fußgänger und von Menschen gefahrene Fahrzeuge werden in Zukunft immer mehr automatisierten Fahrzeugen begegnen. Diese werden sich vermutlich nicht wie menschlich gesteuerte Fahrzeuge verhalten. Ist es angenehm diesen Fahrzeugen zu begegnen und fühlt man sich als Mensch sicher? Was könnte das Fahrzeug tun, damit man sich sicher fühlt? Und schließlich: Wie ist es für die Menschen, die in diesem Fahrzeug gefahren werden? Dies sind verkehrspsychologische Fragen, die zunehmend wichtiger für die technische Entwicklung werden, um eine hohe Akzeptanz dieser Fahrzeuge zu erreichen.

3.1 Systeme zur Vermeidung von Fehlern

Nach Vollrath (2010) sind etwa 20 % der schweren Unfälle in Deutschland Auffahrunfälle. Der wesentliche Fehler liegt darin, dass der Fahrer nicht oder zu spät bemerkt, dass das Vorderfahrzeug bremst oder steht. Häufig kommt weiter hinzu, dass der Fahrer mit relativ kleinem Abstand dem Führungsfahrzeug folgt, sodass nicht rechtzeitig reagiert werden kann, wenn dieses bremst. Dies wird vermutlich dadurch verstärkt, dass der Fahrer nicht damit rechnet, dass das Vorderfahrzeug bremsen könnte wie zum Beispiel auf einer relativ freien Autobahn.

Wenn ein System diese Fehler vermeiden sollte, wäre der erste Schritt, den Fahrer zu warnen, dass das Vorderfahrzeug bremst. Damit könnte der Fehler, das Bremsen des Vorderfahrzeugs nicht oder zu spät zu bemerken, möglicherweise vermieden werden. Durch die Fahrzeugsensorik (Radar oder Video) kann dieses Ereignis sehr gut erkannt und der Fahrer gewarnt werden. Aber hilft eine solche Warnung wirklich und reicht sie aus?

Muhrer, Reinprecht und Vollrath (2012) untersuchten dies in einer Studie im Fahrsimulator, bei der die Fahrer eine Dreiviertelstunde in einer städtischen Umgebung
unterwegs waren. Sie folgten dabei verschiedenen Fahrzeugen, die dann nach kurzer
Zeit an einer Kreuzung nach rechts blinkten und abbogen. Über diese Zeit verteilt gab
es drei kritische Ereignisse:

1. An einer Kreuzung blinkte das Vorderfahrzeug nicht, aber bremste plötzlich
   sehr stark und bog nach rechts ab.
2. Zwischen zwei Kreuzungen bremste das Vorderfahrzeug auf einer Geraden unerwartet stark und blieb stehen.
3. Zwischen zwei Kreuzungen bremste das Vorderfahrzeug erneut auf einer Geraden unerwartet stark und blieb stehen.

Damit gab es drei Ereignisse, wo das Vorderfahrzeug unerwartet stark bremste und
wo die Fahrer reagieren mussten. Dies sollten dann Situationen sein, in denen ein Auffahrunfall sehr wahrscheinlich sein müsste. Mit diesen konnte dann geprüft werden,
ob ein Assistenzsystem die Unfälle verhindern könnte.

Das Assistenzsystem unterstützte den Fahrer bei der Wahrnehmung durch ein vi-
suell-akustisches Warnsignal, sobald das Vorderfahrzeug begann, stark zu bremsen.
Wenn der Fahrer nicht reagierte, führte das Assistenzsystem eine Vollbremsung so
aus, dass das Auffahren gerade noch verhindert werden konnte.

Wie Abb. 3.1 zeigt, waren diese Situationen bei den Fahrern ohne Assistenz tatsächlich unfallträchtig. Insbesondere das unerwartete Bremsen auf der Geraden führte
beim ersten Mal bei mehr als der Hälfte der Fahrer zu einem Auffahrunfall. Beim
zweiten Mal waren es immerhin noch 12 %, etwas weniger als an der Kreuzung beim
Abbiegen ohne Blinken (20 %).

Abb. 3.1 Prozentualer Anteil von Unfällen in den drei
Situationen (Kreuzung, Gerade 1 und Gerade 2) in der
Gruppe ohne System und mit
Assistenzsystem (modifiziert
nach Muhrer et al.,
2012, S. 703)

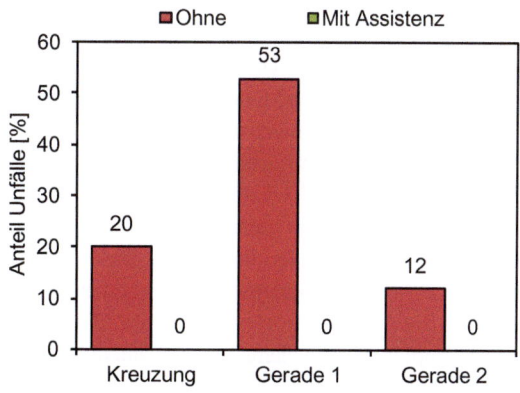

Abb. 3.2 Mittelwert der
Bremsreaktionszeit in den
drei Situationen (Kreuzung,
Gerade 1 und Gerade 2) in
der Gruppe ohne System und
mit Assistenzsystem (modifiziert nach Muhrer et al.,
2012, S. 703)

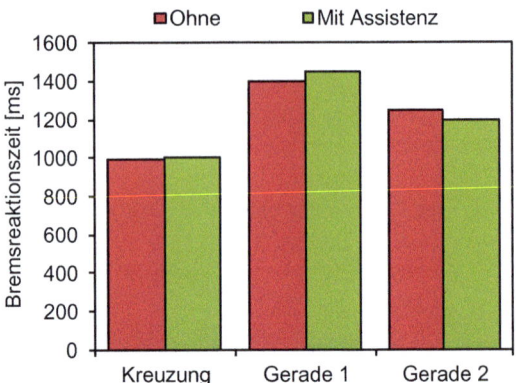

Sehr erfreulich war, dass das Assistenzsystem tatsächlich wirkte. Kein einziger Fahrer mit Assistenzsystem hatte in irgendeiner der drei Situationen einen Unfall. Die Frage
war jetzt nur, woran das lag. Hatte die Warnung gewirkt, sodass die Fahrer schneller reagieren und selbst bremsen konnten? Oder musste das Fahrzeug eingreifen, um den Unfall zu vermeiden? Um diese Frage zu beantworten, wurden die Reaktionszeiten der
Fahrer untersucht. Wie lange dauerte es, bis die Fahrer nach dem Beginn des Bremsens
des Vorderfahrzeugs selbst anfingen, zu bremsen? Die Ergebnisse zeigt Abb. 3.2.

Erstaunlicherweise unterschieden sich die Bremsreaktionszeiten der Fahrer in den
beiden Gruppen in keiner der drei Situationen. Das Assistenzsystem verbesserte anscheinend nicht die Wahrnehmung der Fahrer, denn sonst hätten sie schneller reagieren müssen. Nebenbei sieht man in der Abbildung auch, dass die Überraschung auf
der ersten Geraden deutlich stärker war, denn es dauerte fast eine halbe Sekunde länger, um hier zu reagieren. An einer Kreuzung biegen eben doch manchmal Fahrer
auch ab, ohne zu blinken. Aber zurück zur Frage: Es ist nicht die Warnung durch das
System, was die Wahrnehmung des Fahrers unterstützt und eine schnellere Bremsung
ermöglicht, die dann den Unfall verhindern kann.

Aber was wirkt dann? Es kann eigentlich nur der Eingriff durch das System sein
und die Fahrdaten bestätigen diese Vermutung. Im Mittelwert hatte das System bereits
nach 200 ms angefangen zu bremsen und damit den Unfall verhindert. Eine so schnelle
Reaktion wäre im Realverkehr kaum zu erreichen, da es eine gewisse Zeit dauert, bis
man wirklich sicher sein kann, dass das Führungsfahrzeug so stark bremst. Dieses Ergebnis zeigt auch, dass das Problem bei dieser Art von Unfällen nicht nur darin liegt,
dass die Fahrer das Abbremsen so spät bemerken und zu lange brauchen, um zu reagieren. Sie fahren vielmehr so dicht auf, dass bei einem Bremsen des Vorderfahrzeugs kaum mehr Zeit bleibt, um zu reagieren. Eine Alternative zu einem Notbrems-
eingriff des Assistenzsystems wäre dann ein System, das den Fahrer unterstützt, einen
sicheren Abstand zu halten.

Inzwischen liegen auch Unfalldaten vor, die diese Ergebnisse unterstützen. Cicchino (2017) analysierte etwa 5 Mio. Unfälle aus den USA und verglich dabei Fahrzeuge ohne Assistenzsysteme mit Fahrzeugen mit einer reinen Auffahrwarnung, Fahrzeugen mit einer automatischen Notbremsung bei Geschwindigkeiten unter 30 km/h und mit Fahrzeugen mit einer Kombination aus Warnung und automatischer Notbremsung auch bei höheren Geschwindigkeiten. Bei diesen Situationen führt auch die reine Warnung zu 27 % weniger Unfällen. Bei Systemen mit Notbremsungen bei niedrigen Geschwindigkeiten waren es 43 % weniger Unfälle, bei der Kombination von Warnung und Notbremsung auch bei höheren Geschwindigkeiten sogar 50 %. Die positive Wirkung gerade der Notbremsung ist einerseits erstaunlich stark. Andererseits bestätigt die Studie auch, dass man so nicht das Problem von Auffahrunfällen völlig lösen kann. In vielen Situationen muss man anscheinend dafür sorgen, dass überhaupt genügend Zeit bleibt, um zu reagieren. Ganz wesentlich ist dafür, hinreichend große Sicherheitsabstände zu halten. Es könnte also auch sinnvoll sein, nicht nur Systeme zu entwickeln, die im Notfall eingreifen, sondern die im Vorfeld verhindern, dass Situationen kritisch werden.

Ein sehr gutes Beispiel dafür ist die Intelligent Speed Adaptation (ISA). Dieses System weiß, welche Geschwindigkeit in der aktuellen Situation vorgeschrieben ist. In der wirkungsvollsten Variante wird dann die Geschwindigkeit automatisch begrenzt. Der Fahrer kann dann weiter Gas geben, aber das System sorgt dafür, dass die sichere Geschwindigkeit nicht überschritten wird. Da überhöhte Geschwindigkeit eine wesentliche Ursache für Unfälle und gerade auch tödliche Unfälle ist, hätte man hier ein sehr wirkungsvolles System. Allerdings müsste es tatsächlich auch die Geschwindigkeit aktiv begrenzen und nicht abschaltbar sein. Jamson (2006) zeigte bei einer Feldstudie, dass gerade die Fahrer, die am häufigsten zu schnell fuhren, auch das System am häufigsten abschalteten. Gleiches würde wahrscheinlich auch geschehen, wenn das Assistenzsystem den Fahrer daran hindern würde, zu dicht aufzufahren. Die Alternative wäre tatsächlich, solche Systeme durch den Gesetzgeber vorzuschreiben für alle Neufahrzeuge und diese nicht abschaltbar zu gestalten. Andererseits müssten sie zumindest dann abschaltbar sein, wenn sie nicht richtig funktionieren, also zum Beispiel die aktuelle Geschwindigkeitsbegrenzung nicht erkennen. Und ob das gerade in Deutschland realistisch ist, wo sogar ein Tempolimit auf der Autobahn scheitert? Auch das ist letztlich eine Frage für den Psychologen, aber eine ganz andere.

Eine andere Alternative ist, wenn das Fahrzeug einfach selbst fährt. Der Abstandsregeltempomat hält automatisch einen sicheren Abstand und kann auch selbstständig bremsen. Man kann ihn kombinieren mit einem Notbremsautomat. Damit müsste man eigentlich noch effektiver als mit den gerade beschriebenen Systemen Auffahrunfälle verhindern können. In einer großen Feldstudie in Deutschland (euroFOT; Malta et al., 2012) hielten die Fahrzeuge mit dieser Kombination der Systeme deutlich größere Abstände als menschliche Fahrer allein und es gab wesentlich weniger

Situationen, in denen stark gebremst werden musste. Allerdings nutzen die Testfahrer diese Systemkombination relativ selten. Selbst auf der Autobahn fuhren sie nur ungefähr die Hälfte der Zeit mit dem System. Von daher wird die Wirkung doch recht begrenzt sein, solange das so bleibt.

Die Verkehrspsychologie ist in diesem Bereich der technischen Entwicklung vor allem daran interessiert, den Fahrer bestmöglich darin zu unterstützen, sicher zu fahren. Ausgehend von Studien, die die menschlichen Ursachen von Fehlern untersuchen, kann man Systeme so gestalten, dass sie möglichst effektiv sind. Im Simulator und in Realfahrten kann dann geprüft werden, ob diese Wirkungen tatsächlich so auftreten. Dabei versteht man dann wiederum, was die Ursachen der Fehler sind. Im Beispiel des Auffahrunfalls war nicht die Wahrnehmung der Bremsung des Vorderfahrzeugs der wesentliche Punkt, sondern genügend Abstand zu halten, um auch dann reagieren zu können, wenn man von der Bremsung überrascht wird und diese nicht erwartet. Wenn man den Fahrer darin unterstützen würde, dies zu tun, müsste man viel seltener eingreifen. So kombiniert die Verkehrspsychologie hier eine Systembewertung mit dem besseren Verständnis des Fahrers – angewandte und grundlegende Aspekte der Verkehrspsychologie.

Aber sehen wir uns im nächsten Abschnitt etwas genauer an, was sich für den Fahrer ändert, wenn das Fahrzeug beginnt, selbst zu fahren. Der Fahrer ist dann kein Fahrer mehr – aber was dann?

3.2   Systeme fahren – der Fahrer ist kein Fahrer mehr

Das Modell von Vollrath (2010; s. Abb. 1.1) weist darauf hin, dass Autofahren aus ganz verschiedenen Arten von Aufgaben besteht. Der Fahrer gibt Gas und bremst, wählt eine bestimmte Position auf der Straße, eine bestimmte Geschwindigkeit und einen sicheren Abstand, beobachtet die Umgebung und passt diese Vorgaben an die Verkehrssituation an (zum Beispiel bei Einführung einer Geschwindigkeitsbegrenzung), sucht aktiv nach anderen, relevanten Verkehrsteilnehmern, nimmt deren Verhalten wahr und antizipiert, was sie wohl als Nächstes tun werden. Durch Automation kann man den Fahrer bei diesen Aufgaben unterstützen, sie ihm abnehmen, oder dann am Ende komplett automatisch fahren. Es gibt also ein ganzes Spektrum von Möglichkeiten, Automation beim Fahren einzusetzen.

In den USA hat die SAE International (2021) eine Klassifikation vorgeschlagen, der sich auch andere Länder angeschlossen haben. Auf der Stufe 0 ist das manuelle Fahren. Bei Stufe 1 wird entweder die Längsführung (Geschwindigkeit und Abstand) oder die Querführung (Spurhaltung) vom System übernommen. Bei Stufe 2 fährt das Fahrzeug weitgehend selbstständig, aber der Fahrer muss permanent überwachen, weil Systemfehler nicht ausgeschlossen sind oder bestimmte Verkehrssituationen zu komplex sind, um sie zu bewältigen. Bei Stufe 3 fährt das Fahrzeug in bestimmten Situationen selbstständig, zum Beispiel im Stau bis zu einer Geschwindigkeit von 70 km/h. Der Fahrer darf in dieser Zeit etwas anderes tun und muss das System nicht überwachen. Er muss aber auf Aufforderung hin innerhalb von 10 bis 20 s wieder die Fahrt übernehmen können. Bei Stufe 4 bewältigt das Fahrzeug bestimmte Fahrten (zum Beispiel auf der Autobahn) komplett automatisch. Bei Stufe 5 wird kein Fahrer mehr benötigt.

Dies ist die technische Sicht. Aber was verändert sich dadurch für den Fahrer? Ihm werden Aufgaben abgenommen, aber dafür entstehen neue Aufgaben. Betrachten wir das auf der Stufe 1. Typische Systeme sind Tempomat und Abstandsregeltempomat. Beim Tempomat stellt der Fahrer eine Wunschgeschwindigkeit ein, die das Fahrzeug dann fährt. Der Fahrer lenkt weiterhin und passt die Geschwindigkeit an, wenn es notwendig wird, zum Beispiel wenn ein langsames Fahrzeug vorne auftaucht. Der Abstandsregeltempomat würde in dieser Situation dann die Geschwindigkeit so anpassen, dass man dem langsamen Fahrzeug in einem sicheren Abstand folgt. Der Fahrer muss aber weiterhin die Geschwindigkeit an die Verkehrssituation anpassen, zum Beispiel wenn eine Geschwindigkeitsbegrenzung auftaucht.

Betrachtet man das etwas abstrakter und aus psychologischer Sicht, dann wird hier die eigene Durchführung der Geschwindigkeits- und Abstandregelung durch das System übernommen. Die Wahl der Geschwindigkeit bleibt als Aufgabe beim Fahrer. Allerdings gibt er dazu nicht einfach Gas und bremst, sondern stellt das System neu ein, in der Regel über Schalter am Lenkrad. Verändert das die Qualität der Aufgabenbearbeitung? Oder etwas allgemeiner: Wird durch diese Unterstützung die Fahraufgabe tatsächlicher besser und sicherer bewältigt?

Vollrath, Schleicher und Gelau (2011) führten dazu eine Studie im Fahrsimulator durch, bei der eine Gruppe mit Tempomat fuhr, die zweite mit dem Abstandsregeltempomat (ACC – Adaptive Cruise Control) und die dritte ohne Assistenz (Kontrollgruppe). Die Fahrer fuhren etwa eine halbe Stunde auf der Autobahn und einer Landstraße. Es gab drei Situationen, bei denen die Fahrer eingreifen und die Geschwindigkeit ändern mussten. Auf der Landstraße gab es zwei Kurven, bei denen man auf 70 km/h oder 80 km/h verzögern musste. Auf der Autobahn gab es eine Strecke mit Nebel, wo man auch langsamer fahren sollte. Gemessen wurde in allen drei Gruppen, wie lange es dauerte, bis das Auto langsamer wurde. Abb. 3.3 zeigt die Ergebnisse.

Die manuellen Fahrer begannen 10 bzw. 5 s vor den Kurven zu verzögern und etwa 5 s nach Beginn des Nebels. Die Ergebnisse für die beiden Gruppen mit Tempomat und ACC sind sehr vergleichbar und deutlich langsamer. In allen Situationen wurde etwa 5 s später verzögert als bei den manuellen Fahrern. Dieser große Unterschied kann nicht nur dadurch erklärt werden, dass die Fahrer mit ACC und Tempomat die

Abb. 3.3 Zeitpunkt (Mittelwert) relativ zum Beginn des Ereignisses, bis die Fahrer anfingen, langsamer zu fahren, in den drei Situationen bei den drei Gruppen von Fahrern (modifiziert nach Vollrath et al., 2011, S. 1137)

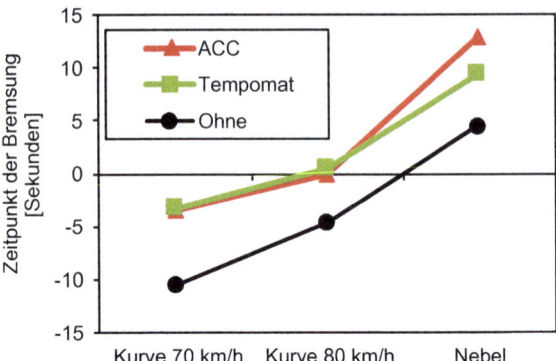

Geschwindigkeit mit einem Knopf einstellen mussten und nicht einfach vom Gas gehen konnten. Die Effekte entstehen durch die andere Art der Aufgabe. Das System ist für die Regelung der Geschwindigkeit zuständig. Damit ist man als Fahrer nicht mehr aktiv und kontinuierlich damit beschäftigt. Man muss die Umwelt überwachen und feststellen, wenn man andere Vorgaben für die Geschwindigkeit geben muss. Wenn man aber eigentlich nicht für die Regelung der Geschwindigkeit zuständig ist, fällt dies Fahrern offensichtlich schwer. Sie brauchen einige Sekunden bis sie merken, dass hier ein Teil der Geschwindigkeitsregulation vorliegt, den das System eben nicht übernimmt. In der Untersuchung kam es deswegen nicht zu Unfällen, aber eine Verbesserung des Fahrverhaltens durch die Übernahme der Geschwindigkeitsregulation durch die Systeme stellt dieses Ergebnis auch nicht dar.

Muhrer (2011) untersuchte in ihrer Dissertation auch kritische Situationen. Ein ACC-System allein ist begrenzt darin, wie stark es bremsen kann. Wenn der Vorderfahrer eine Vollbremsung macht, gibt es eine Warnung und eine Verzögerung durch das ACC, die aber nicht ausreicht, den Unfall zu verhindern. Hier muss der Fahrer eingreifen. In einer Studie verwendete sie die Folgefahrten in der Stadt (s. Abb. 3.1), wo ein Vorderfahrzeug plötzlich auf gerade Strecke ohne ersichtlichen Grund bremste. Dies war auch für einige manuelle Fahrer so überraschend, dass es bei 10 % von ihnen Unfälle gab. Von den Fahrern, die mit ACC fuhren, hatten allerdings 35 % einen Unfall, also eine deutliche Erhöhung des Unfallrisikos. In dieser Extremsituation führt das ACC-System damit sogar zu einer deutlichen Verschlechterung des Fahrverhaltens, was dann zu mehr Unfällen führt.

Vor dem Hintergrund des Modells von Fuller (2005) ist diese Assistenz, bei der die Automation einen Teil der Fahraufgabe übernimmt, sinnvoll. Der Fahrer braucht weniger Fähigkeiten, da die Fahraufgabe einfacher wird. Aber die Studien zeigen, dass diese

Überlegung zu kurz greift: Der Fahrer erhält die neue Aufgabe, die Umwelt zu überwachen und die Vorgaben für die Regelung der Automation zu ändern. Dies scheint schwierig zu sein, weil man als Fahrer nur beobachtet aber nicht mehr selber aktiv ist. Eigentlich sind Systeme wie ACC und Tempomat deshalb nicht zu empfehlen. Der technische Ausweg wäre, dass diese Systeme selbst erkennen, wenn eine Kurve kommt, Nebel oder Regen auftritt, und ihre Geschwindigkeit von selbst reduzieren. Wenn man das noch mit einem Notbremsassistent kombiniert, der dann automatisch rechtzeitig bremst, sind die wesentlichen Probleme eigentlich gelöst, oder? Man ist dann aber auch schon fast bei der zweiten Stufe der Automation, wo der Fahrer das System nur noch überwachen muss.

Bei dieser Stufe 2 übernimmt das System Längs- und Querführung. Allerdings können Systemfehler auftreten oder Situationen, die für das System zu komplex sind. Der Fahrer muss hier das System die ganze Zeit überwachen und im Notfall eingreifen. Bei der ersten Stufe musste der Fahrer noch lenken und war von da her noch in die Fahraufgabe eingebunden. Dennoch zeigten sich dort bereits negative Effekte, wenn der Fahrer eingreifen musste. Es wäre zu erwarten, dass sich dies noch verstärkt, wenn das System auch noch die Spurhaltung übernimmt und der Fahrer nur noch überwachen und in kritischen Situationen eingreifen muss.

Greenlee, DeLucia und Newton (2018) ließen Fahrer im Simulator über 40 min mit einem System der Stufe 2 fahren. Die Fahrer hatten die Aufgabe, das System und die Umwelt zu überwachen und sollten dabei vor allem gefährliche Situationen entdecken. Es zeigte sich, dass die Entdeckungsrate für gefährliche Situationen mit der Zeit deutlich abnahm und auch die Reaktionszeiten länger wurden. Dieses Ergebnis war für die Autoren nicht überraschend, da es eine Vielzahl von Studien aus anderen Bereichen gibt, die zeigen, dass Menschen nur sehr schlecht dauerhaft aufmerksam sein können. Mackworth (1948) hatte dies für visuelle Suchaufgaben gezeigt und den Begriff „Vigilanz" (Daueraufmerksamkeit) geprägt.

Interessant und auch aus der Literatur bekannt war weiter, dass die Fahrer in der Studie von Greenlee, DeLucia und Newton (2018) angaben, dass diese Art von Fahren zu höherer Beanspruchung und zu Stress führt. Dem System zuzuschauen, aufmerksam zu bleiben, obwohl man selbst nichts tun muss, scheint anstrengender zu sein als selbst zu fahren. Der Fahrer wird zwar um bestimmte Teile der Fahraufgabe entlastet, erhält aber eine neue Aufgabe, die er schlecht erledigen kann (Übersehen von gefährlichen Situationen) und die auch noch anstrengend ist.

Diese zweite Stufe der Automation ist damit aus verkehrspsychologischer Sicht nicht zu empfehlen. Es werden dabei neue Unfälle geschehen, wenn das System an seine Grenzen gerät, weil der menschliche Fahrer das zwar überwachen und eingreifen müsste, dazu aber nicht in der Lage ist. Und wenn Fahrer diese Aufgabe ernst nehmen, ist es anstrengend und stressig, was dann dazu führt, dieses System nicht zu nutzen.

Von daher erscheint erst die nächste Stufe 3 sinnvoll, wo der Fahrer zumindest teilweise andere Dinge tun kann und die Automation selbstständig und sicher fährt. Dies ist zunächst nur in bestimmten Situationen möglich, wie zum Beispiel dem Stau auf der Autobahn bei guten Sicht- und Wetterbedingungen. Wenn die Situation endet, muss der Mensch übernehmen. Er muss dies aber nicht selbst erkennen, sondern die Automation gibt eine Übernahmeaufforderung. Die zentrale verkehrspsychologische Frage ist dann, wie man sicherstellen kann, dass der Fahrer die Verkehrssituation so gut versteht, dass er wieder selbst sicher fahren kann.

Vogelpohl et al. (2018) untersuchten diese Frage, indem sie Fahrer im Fahrsimulator mit Automation der Stufe 3 fahren ließen. Eine Gruppe spielte währenddessen Tetris, eine andere las und eine Kontrollgruppe sollte das System überwachen (obwohl dies eigentlich nicht nötig war). Zu einem bestimmten Zeitpunkt gab das System eine Übernahmeaufforderung. Die Fahrer sollten dann ihre Nebenaufgabe beenden, sich in der Umwelt orientieren und mit Knopfdruck selbst das Fahren übernehmen, wenn sie sich dazu in der Lage fühlten. Sie sahen dann auch den Grund der Übernahme, zum Beispiel eine Baustelle, die für das System nicht zu beherrschen war. Gemessen wurde, wie lange die Fahrer benötigten, um die Automation auszuschalten. Über eine Blickmessung wurde untersucht, wann die Fahrer das erste Mal auf die Straße schauten und wann sie in den Rückspiegel schauten. Abb. 3.4 zeigt die Ergebnisse.

Die linke Kurve zeigt den ersten Blick auf die Straße. Nach ungefähr 2 s hatten 50 % der Fahrer auf die Straße geschaut. Nach 5 s hatten das alle getan. Die ersten Fahrer schalteten bereits nach 2.5 s die Automation ab und übernahmen. Nach 5 s hatte die Hälfte die Automation abgeschaltet und nach 11 s dann wirklich alle. Interessant ist die Verteilung der Blicke in den Spiegel. Die Hälfte der Fahrer brauchte un-

Abb. 3.4 Dargestellt ist, zu welchem Zeitpunkt wieviel Prozent der Fahrer auf die Straße geschaut, die Automation ausgeschaltet und in den Rückspiegel geschaut hatten (kumulative Darstellung)

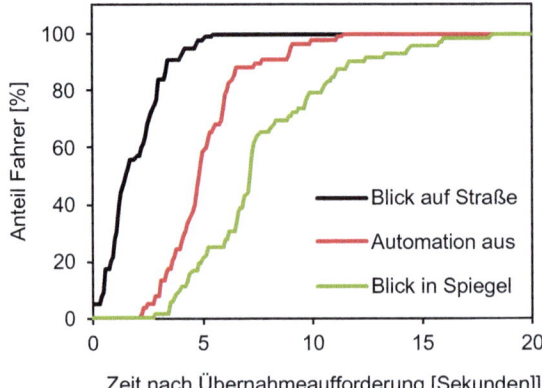

gefähr 7.5 s und der letzte Fahrer hatte erst nach etwa 17 s in den Spiegel geschaut. Obwohl die Fahrer eigentlich erst dann übernehmen sollten, wenn sie sich sicher waren, die Verkehrssituation verstanden zu haben, wurde die Information, ob sich Fahrzeuge von hinten nähern offenbar erst nach der Übernahme eingeholt.

Die Abbildung zeigt auch die großen Unterschiede zwischen den Fahrern. Allein die Übernahmezeiten hatten eine Spannweite von 2.5 bis 12 s. Die Fragestellung „Wie viel Zeit braucht der Fahrer für die Übernahme?" ist nicht durch einen Mittelwert zu beantworten. Damit das System für alle Nutzer sicher ist, muss vielmehr jeder Fahrer genügend Zeit haben, in seinem Tempo zu übernehmen. Um auf der sicheren Seite zu sein, würde man vorschlagen, dass das System mindestens 15 s bevor es selbst nicht mehr fahren kann, den Fahrer zur Übernahme auffordert. Diese Zeiten können nicht mit Hilfe von Fahrzeugsensorik eingehalten werden. Bei 120 km/h müsste man entsprechende Situationen aus mehr als 500 Metern entdecken können. Hier ist man darauf angewiesen, dass solche Informationen zentral abgerufen werden können. Zusätzlich muss eine Strategie entwickelt werden, was das Fahrzeug tun soll, wenn der Fahrer nicht reagiert (weil er zum Beispiel eingeschlafen ist).

Die Zeiten für die Blicke in den Spiegel deuten darauf hin, dass Fahrer schon übernehmen, wenn sie die Verkehrssituation noch nicht völlig überschaut und verstanden haben. Besser wäre es, wenn man sie darin unterstützen könnte, ein entsprechendes Situationsbewusstsein aufzubauen, bevor sie das Fahren übernehmen. Man könnte dazu gezielt Informationen liefern, sie bei der Aufnahme der Informationen unterstützen, indem man ihre Blicke lenkt, oder Handlungsempfehlungen gibt. Wie dies genau gestaltet werden sollte und welche Möglichkeiten hier am besten für die Fahrer sind, ist Thema der aktuellen Forschung in diesem Bereich.

Hinzu kommt, dass diese unterschiedlichen Stufen der Automation nicht nacheinander weiterentwickelt werden. In einem Fahrzeug wird es Situationen geben, wo man manuell fahren muss. In bestimmten Situationen kann man sich unterstützen lassen in Längs- oder Querregelung (Stufe 1). Wenn man möchte, kann man sich auch fahren lassen und überwachen (Stufe 2). Dann fährt man auf die Autobahn und kann sich dort mit anderen Dingen beschäftigen (Stufe 3). Das ist ab einem bestimmten Punkt nicht mehr möglich, aber vielleicht funktioniert ja noch Stufe 2. Oder geht nur Stufe 1? Weiß der Fahrer dann noch zu jedem Zeitpunkt, wofür er gerade verantwortlich ist und was das Fahrzeug tut? Und wie sollte man die Systeme gestalten, sodass hier keine Verwechslungen auftreten? Auch hier liegt noch ein großer Forschungsbereich für die Verkehrspsychologie.

Dennoch sind die ersten derartigen Systeme bereits auf dem Markt und die Automation entwickelt sich weiter. Wenn man irgendwann keine Fahrer mehr braucht, gibt es dann noch Forschungsthemen für die Verkehrspsychologie in diesem Bereich?

Da die Einführung in den Verkehr über Neuzulassungen geschehen wird, wird es noch Jahrzehnte dauern, bis alle Fahrzeuge automatisch fahren. Vielleicht wird dies auch nie der Fall sein, weil diese Fahrzeuge für viele Menschen zu teuer sind. Auf jeden Fall wird es für lange Jahre ein Mischverkehr sein mit manuell geführten und automatischen Fahrzeugen. Wenn die automatischen Fahrzeuge auch in städtischen Gebieten fahren, begegnen sie dort Fußgängern und Radfahrern. Das ist möglicherweise ein Problem für die Fahrzeuge, aber vielleicht auch ein Problem für Fußgänger und Radfahrer: Wie reagiert man auf diese Fahrzeuge, wie erlebt man das, möchte man diese Fahrzeuge im Verkehr als Partner haben? Nur wenn hier eine hohe Akzeptanz erreicht wird, werden diese automatischen Fahrzeuge auch gekauft und genutzt werden. Mit diesen Fragestellungen beschäftigt sich der nächste Abschnitt.

## 3.3	Wie funktioniert der Mischverkehr der Zukunft?

Warum muss man sich damit beschäftigen, wie Menschen auf automatische Fahrzeuge reagieren? Im Idealfall fahren die automatischen Fahrzeuge genauso wie Menschen, nur machen sie keine Fehler und verstoßen nicht gegen die Verkehrsregeln. Aber hier liegt genau das Problem: Menschen fahren meist etwas schneller als erlaubt, fangen erst am Schild der Geschwindigkeitsbegrenzung an, langsamer zu werden und beschleunigen schon, wenn sie das Schild für das Ende der Geschwindigkeitsbegrenzung sehen. Ein zu langsames Fahrzeug wird überholt, auch wenn es ein Überholverbot gibt. Automatische Fahrzeuge dagegen fahren ein bisschen wie Fahrschüler und deshalb schlagen auch viele Entwickler vor, die automatischen Fahrzeuge zu kennzeichnen, sodass man versteht, warum sie sich so defensiv verhalten.

Ein zweiter Grund liegt darin, dass Menschen manchmal auf ihre Vorfahrt verzichten und zum Beispiel andere Verkehrsteilnehmer einbiegen lassen. Dies wird häufig durch Handzeichen oder Gesten signalisiert. So entstehen kleine Interaktionen im Verkehr. Mit automatischen Fahrzeugen ist das nicht möglich, da es keinen Fahrer mehr gibt, der interagieren könnte. Man überlegt deshalb, ob man es über Bildschirme und Symbole dem automatischen Fahrzeug ermöglichen sollte, Botschaften zu schicken, auf die menschliche Verkehrsteilnehmer dann reagieren können. Allerdings bleibt es schwierig, im nächsten Schritt die Reaktion der Menschen zu erkennen und darauf wiederum zu reagieren, also wirklich miteinander zu interagieren.

Aus verkehrspsychologischer Sicht liegt hier möglicherweise ein fundamentales Problem, das zu neuen Unfällen führen könnte. Nach dem Modell von Vollrath (2010) besteht eine ganz zentrale Aufgabe beim Fahren darin, das Verhalten der anderen Verkehrsteilnehmer zu antizipieren, also zu wissen, wie diese sich verhalten werden. Nur dann ist es möglich, das eigene Verhalten frühzeitig anzupassen, sodass keine kritischen Situationen entstehen. Falsche Erwartungen können zu Fehlern führen, wie in der Studie zu den Auffahrunfällen in der Stadt von Muhrer, Reinprecht und Vollrath (2012) gezeigt wurde. Die Fahrer rechneten nicht damit, dass jemand auf gerader Strecke ohne Kreuzung plötzlich eine Vollbremsung macht und fuhren deshalb zu dicht auf und wurden dann überrascht und konnten nicht mehr rechtzeitig reagieren. Wenn automatische Fahrzeuge sich anders verhalten als menschliche Fahrer, könnte dies eben auch dazu führen, dass man ihr Verhalten falsch vorhersagt, was wiederum zu Fehlern führen kann, die Unfälle verursachen.

Stange, Kühn und Vollrath (2022b) untersuchten das in einer Studie im Fahrsimulator auf der Autobahn. In vier halbstündigen Fahrten fuhren menschliche Fahrer auf der Autobahn, wobei im Verkehr entweder keine automatisierten Fahrzeuge (Kontrollgruppe), 25 %, 50 % oder 75 % automatisierte Fahrzeuge fuhren. Es gab mehrere Geschwindigkeitsbegrenzungen, bei denen die automatischen Fahrzeuge so verzögerten, dass sie am Schild die geforderte Höchstgeschwindigkeit fuhren, diese auch genau einhielten und erst wieder beschleunigten, wenn sie am entsprechenden Schild vorbeifuhren. Es gab auch eine ganze Reihe von langsamen Lkw, die vom automatischen Fahrzeug überholt wurden, wobei dieses sehr frühzeitig ausscherte und erst mit deutlichem Abstand nach dem Überholen wieder auf die rechte Spur fuhr. Es konnte auch vorkommen, dass eine Geschwindigkeitsbegrenzung während des Überholens eines Lkw durch das automatische Fahrzeug begann. Dann blieb das automatische Fahrzeug mit dieser erlaubten Höchstgeschwindigkeit neben dem Lkw und kam erst an diesem vorbei, wenn die Höchstgeschwindigkeit wieder aufgehoben wurde.

Untersucht wurde zunächst, wie sich das Fahrverhalten der menschlichen Fahrer mit zunehmender Anzahl von automatischen Fahrzeugen veränderte. Aus Sicht der Verkehrssicherheit ergab sich zunächst ein positiver Effekt, der besonders deutlich bei der Geschwindigkeitsbegrenzung auf 80 km/h war. Während die Fahrer auf der Autobahn ohne automatische Fahrzeuge im Mittelwert etwa 90 km/h fuhren, waren es bei 75 % automatischen Fahrzeugen nur noch 84 km/h. Die automatischen Fahrzeuge trugen so auch indirekt zur Verkehrssicherheit bei. Aber war das menschliche Fahren tatsächlich sicherer geworden? Ein zweites Maß war der prozentuale Anteil der Zeiten, bei denen die menschlichen Fahrer mit einem Sekundenabstand unter 1 s fuhren. Hätten die Vorderfahrzeuge hier gebremst, hätte der Fahrer es nicht geschafft, noch rechtzeitig zu reagieren. Abb. 3.5 zeigt die Ergebnisse für den Teil der Fahrt, bei dem eine Geschwindigkeitsbegrenzung auf 80 km/h vorhanden war.

Wenn keine oder nur wenige automatische Fahrzeuge vorhanden waren (25 %), wurde etwa 1–2 % der Fahrtzeit zu dicht aufgefahren. Diese Anteile wurden deutlich größer mit mehr automatischen Fahrzeugen. Bei 50 und 75 % war es etwa 4 % der Fahrzeit, in denen zu dicht aufgefahren wurde. Dies menschlichen Fahrer fuhren zwar langsamer, wenn viele automatische Fahrzeuge unterwegs waren, aber sie fuh-

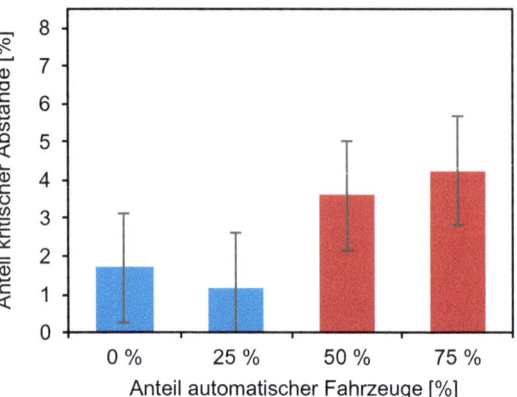

Abb. 3.5 Anteil kritischer Abstände als Prozent der Fahrzeit bei einer Geschwindigkeitsbegrenzung auf 80 km/h in Abhängigkeit von der Häufigkeit automatischer Fahrzeuge gemessen als prozentualer Anteil der automatischen Fahrzeuge an allen Fahrzeugen auf der Autobahn (nach Stange et al., 2022b)

ren dafür dicht auf und drängelten. Das Verhalten der automatischen Fahrzeuge war also nicht nur unerwartet, sondern ärgerlich und provozierte sogar unsicheres Verhalten. Dies zeigte sich auch sehr deutlich in der Befragung, wo der Verkehr mit 50 und 75 % der automatischen Fahrzeuge als deutlich weniger komfortabel bewertet wurde. Die automatischen Fahrzeuge fahren also sicherer und regelkonformer als menschliche Fahrer. Dies hat aber zur Folge, dass die anderen von Menschen geführten Fahrzeuge riskanter fuhren. Wie kann man dieses Problem lösen?

Die Studie hatte zwar vier längere Fahrten enthalten, aber es bleibt dennoch eine neue Situation. Möglicherweise gewöhnen sich menschliche Fahrer daran, dass sich der Verkehr mit automatischen Fahrzeugen verändert und passen dann ihre eigene Fahrweise daran an. Dies wird momentan in einer Studie untersucht, wo menschliche Fahrer über sieben Wochen jede Woche eine solche Fahrt mit vielen automatischen Fahrzeugen durchführen. Prinzipiell könnte man auch das Verhalten der automatischen Fahrzeuge verändern, sodass diese sich eher „menschlich" verhalten und die Geschwindigkeitsbegrenzungen nicht einhalten. Da dies aber bedeutet, sich nicht an die Verkehrsregeln zu halten, ist dies ist rechtlich nicht möglich.

Aber es ist ja nicht nur das regelwidrige Verhalten, das automatische Fahrzeuge nicht zeigen. Sie verhalten sich auch in anderen Situationen möglicherweise nicht so, wie es für menschliche Verkehrsteilnehmer angenehm ist. Aber kann man das überhaupt ändern? Und was müsste man genau ändern? Dies untersuchten Stange, Goralzik und Vollrath (2021) mit Radfahrern in einer Studie in einem Fahrradsimulator. Die Radfahrer näherten sich auf der Vorfahrtsstraße einer Seitenstraße, aus der ein automatisches Fahrzeug kam. Die Radfahrer hatten Vorfahrt und konnten die Straße queren. Was kann das automatische Fahrzeug in dieser Situation tun, damit die Radfahrer das Verhalten als optimal empfinden und sich bei der Querung wohlfühlen? Ein wichtiger Parameter dafür ist für das automatische Fahrzeug, deutlich zu ver-

Abb. 3.6 Abstand zur Halte-linie, bei dem die auto-matisierten Fahrzeuge idealerweise bremsen sollten und bei dem es gerade noch akzeptabel war, bei einer An-fahrtsgeschwindigkeit von 30 und 50 km/h (nach Stange et al., 2021)

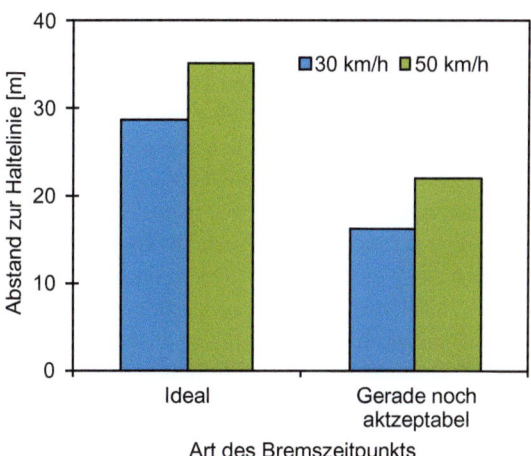

zögern und damit zu signalisieren, dass es anhalten wird. Wann wäre dafür aus Sicht der Radfahrer der ideale Zeitpunkt und was der letzte Zeitpunkt, den man noch akzeptieren könnte? In der Studie konnten dies die Radfahrer selbst bestimmen, indem sie angaben, in welchem Abstand das automatische Fahrzeug bremsen sollte. Dabei näherte sich das automatische Fahrzeug einmal mit 30 km/h und einmal mit 50 km/h. Abb. 3.6 zeigt die Ergebnisse.

Der ideale Bremszeitpunkt liegt natürlich weiter entfernt als der letzte, gerade noch akzeptable Bremszeitpunkt. Das automatische Fahrzeug sollte idealerweise ungefähr 30 m vor der Haltelinie bremsen. Es wäre noch akzeptabel, wenn es 20 m vorher wäre, aber nicht später. Wenn sich das Fahrzeug mit 50 km/h nähert im Vergleich zu 30 km/h, dann sollte es etwa 5 m früher bremsen. Bei einer Notbremsung bei 30 km/h würde das Fahrzeug etwa 5 m vor der Kreuzung bremsen müssen und bei 50 km/h etwa 15 m vorher. Die Radfahrer erwarten also eine deutlich geringere Verzögerung als bei einer Notbremsung. Diese Verzögerung sollte dann auch deutlich früher beginnen, als es bei einer Notbremsung der Fall sein müsste.

Von der Verkehrspsychologie her sieht man hier eine grundsätzliche Überlegung im Umgang mit automatisierten Fahrzeugen. Wann fühlen sich andere Verkehrsteilnehmer bei Begegnungen mit diesen automatisierten Fahrzeugen wohl und sicher? Wenn diese sich so verhalten, dass man merkt, dass sie einen erkannt haben und darauf reagieren. Das entsprechende Verhalten in dieser Situation ist die frühzeitige Bremsung. Man überlegt aber auch, durch Displays zusätzlich zu zeigen „ich habe dich erkannt" oder „ich werde anhalten". Es sind aktuelle Forschungsfragen, was hier die beste Strategie ist, die von anderen Verkehrsteilnehmern akzeptiert wird und die vor allem dazu führt, dass aus der Interaktion keine Kollision wird.

Für die Entwicklung von automatischen Fahrzeugen heißt das, das nicht die reine Technik ausschlaggebend ist („Wann muss man bremsen, damit man mit einer angemessenen Verzögerung an der Haltelinie zum Stehen kommt?"), sondern die Reaktionen von anderen Verkehrsteilnehmern darauf berücksichtigt werden muss. Im Verkehr finden die meisten Interaktionen mit Hilfe von Bewegungen statt – man wird langsamer, hält an, bewegt sich ein bisschen und so weiter. Automatische Fahrzeuge müssen nicht nur sicher durch die Umwelt fahren, sondern auch die informellen Regeln dieser Interaktionen lernen, damit sie sich im Mischverkehr der Zukunft sicher bewegen können, und damit menschliche Verkehrsteilnehmer damit zurechtkommen.

Und noch etwas ist zu berücksichtigen: Wie fühlen sich die Insassen in automatischen Fahrzeugen? Ist es für sie angenehm, wann und wie das Fahrzeug bremst oder allgemein verschiedene Verkehrssituationen bewältigt? Nur wenn das der Fall ist, werden diese Fahrzeuge gekauft und genutzt. Stange et al. (2022a) untersuchten dies in derselben Verkehrssituation – nur aus der Perspektive des Fahrers der automatischen Fahrzeuge. Diese näherten sich einer T-Kreuzung, bei der das automatisierte Fahrzeug anhalten musste und wo ein Radfahrer dabei war, die Kreuzung zu queren. Die Passagiere wurden ebenso gefragt wie die Radfahrer in der ersten Studie, was denn aus ihrer Sicht der ideale und der letzte akzeptable Zeitpunkt wäre, wann das automatisierte Fahrzeug anfangen sollte zu bremsen. Abb. 3.7 zeigt das Ergebnis.

Auch aus der Innensicht wäre es ideal, bei 50 km/h etwas früher zu bremsen als bei 30 km/h. Der Unterschied ist aber aus der Innensicht deutlich größer als aus der Sicht der Radfahrer. Ideal wäre aus der Innensicht etwa 35 m bei 30 km/h, aus der Außensicht 30 m. Bei 50 km/h sind es von innen fast 60 m, während den Radfahrern von außen auch 35 m reichen würden. Ganz vergleichbar sieht es bei den gerade noch akzeptablen

Abb. 3.7 Aus der Innensicht der Passagiere ist der Abstand zur Haltelinie dargestellt, bei dem die automatisierten Fahrzeuge idealerweise bremsen sollten und wo es gerade noch akzeptabel war, bei einer Anfahrtsgeschwindigkeit von 30 und 50 km/h (nach Stange et al. 2022a)

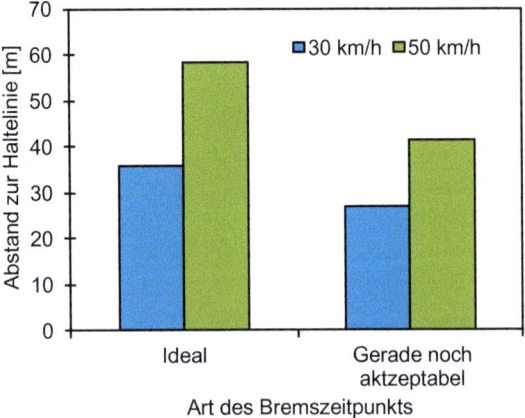

Abständen aus. Bei 30 km/h wären es 30 m, bei 50 km/h 45 m. Dieser Unterschied zwischen Innen- und Außensicht kann durch die Rolle als Passagier bedingt sein. Man kann sich erst sicher sein, dass das automatische Fahrzeug den Radfahrer bemerkt hat, wenn es anfängt zu bremsen. Wenn man selbst fahren würde, wüsste man, dass man den Radfahrer gesehen hat und kann auch etwas später noch sicher bremsen. Als Passagier ist man auf die Reaktion des Fahrzeugs angewiesen. Aus Sicht der Passagiere sollte das automatische Fahrzeug also früher bremsen als es aus Sicht des Radfahrers ideal wäre. Früher zu bremsen wäre aus Sicht der Radfahrer vermutlich nicht negativ. Um den subjektiv idealen Bremszeitpunkt zu beeinflussen, könnte man versuchen, dem Passagier die Information über das Bemerken das Radfahrers über ein Display zu liefern. Was hier sinnvoller ist, ist noch eine offene Forschungsfrage.

Der Mischverkehr der Zukunft, bei dem Menschen als Radfahrer, Fußgänger und Autofahrer auf automatische Fahrzeuge treffen, führt zu neuen Forschungsfragen und Themen in der Verkehrspsychologie. Auch wenn das automatische Fahrzeug ohne menschlichen Fahrer fährt, wird es immer noch Passagiere befördern, die sich wohl und sicher fühlen sollen. Die Interaktionen mit menschlichen Verkehrsteilnehmern muss das automatische Fahrzeug erst noch lernen. Vielleicht müssen auch die Menschen die neuen Verkehrsteilnehmer erst kennen und verstehen lernen. Bei der Gestaltung der automatischen Fahrzeuge sind nicht nur die rein technischen Herausforderungen zu beachten, um sich sicher im Verkehr zu bewegen. Es geht vielmehr darum, die Interaktion zwischen Menschen und Technik sicher und angenehm zu gestalten. Dieses zentrale Thema der Ingenieurpsychologie ist ein wichtiger Anwendungs- und Forschungsteil der Verkehrspsychologie.

Nachdem das zweite Kapitel sich auf den Menschen als Verkehrsteilnehmer konzentriert hat, untersuchte das dritte die Interaktion zwischen Menschen und Technik im Verkehr, das assistierte und automatische Fahren im Mischverkehr. Hier war sowohl die Wahrnehmung und Bewertung der automatisieren Fahrzeuge durch menschliche Verkehrsteilnehmer interessant als auch die Sicht der Passagiere, die im automatischen Fahrzeug mitfahren. Das vierte Kapitel beschäftigt sich mit der Bedeutung der Rahmenbedingungen. Verkehr findet auf der Straße, auf Radwegen, auf Gehsteigen statt. Im Modell von Fuller (2005) ist die Gestaltung dieser Infrastruktur ein wesentlicher Einflussfaktor auf die Anforderungen, die eine aktuelle Verkehrssituation stellt. Was macht eine Kreuzung zu einer komplexen Kreuzung? Wo fühlen sich Radfahrer sicher und wohl? Welche Rolle spielt die Gestaltung einer Kreuzung für das Unfallrisiko? Das sind die Fragestellungen des nächsten Kapitels.

Verkehrsteilnehmer und Infrastruktur

4

Der Verkehr findet in einer bestimmten Umwelt statt. Beim Autofahren unterscheidet man grob nach städtischen Bereichen, Landstraßen und Autobahnen. Die Fahraufgaben sind dabei unterschiedlich ausgeprägt. Das Fahren findet in unterschiedlichen Geschwindigkeitsbereichen statt. Die Straßen sind aber auch unterschiedlich gestaltet, sodass diese Geschwindigkeiten überhaupt möglich sind. Auf der Autobahn gibt es keinen Gegenverkehr, mindestens zwei Fahrstreifen und Kurvenradien, die ein schnelles Fahren ermöglichen. Auf der Landstraße gibt es nur wenige Kreuzungen und in der Regel keine Fußgänger, meist auch getrennte Radwege. So kann hier deutlich schneller gefahren werden als im städtischen Bereich, wo Kreuzungen und damit Interaktionen mit anderen Verkehrsteilnehmern die Regel sind. Es gibt unterschiedliche Geschwindigkeitsbegrenzungen, aber in den letzten Jahren gibt es zunehmend die Überlegungen, den Verkehrsraum so zu gestalten, dass Autofahrer automatisch die gewünschte Geschwindigkeit fahren. Dies kann gelingen, wenn man versteht wie Autofahrer ihre Geschwindigkeit an die Umwelt anpassen. Diese verkehrspsychologische Fragestellung wird im ersten Abschnitt kurz dargestellt.

Es geht also in diesem Kapitel darum, wie Verkehrsteilnehmer ihr Verhalten an die Infrastruktur anpassen, um dann die Infrastruktur so zu gestalten, dass die Verkehrsteilnehmer sich wie gewünscht verhalten. Bei der Analyse von Verkehrsunfällen hatte sich gezeigt, dass ein wesentliches Problem darin liegt, dass die Fahrer andere Verkehrsteilnehmer nicht oder zu spät wahrnehmen. Dabei kann wiederum eine Rolle spielen, dass sie nicht aktiv nach anderen Verkehrsteilnehmern suchen (Vollrath, 2010). Kann man die Infrastruktur so gestalten, dass Fahrer ihre Aufmerksamkeit angemessen verteilen? Einen Ansatz beschreibt der zweite Abschnitt, wo es darum geht, dass Autofahrer beim Abbiegen nach rechts Radfahrer nicht übersehen sollten, die ebenfalls von rechts kommen.

Der dritte Abschnitt untersucht, wie man das Miteinander im Verkehr durch eine Gestaltung der Infrastruktur verbessern kann. Im Hinblick auf Radfahrer wird hier untersucht, wann diese mit einem adäquaten Seitenabstand überholt werden. Wie müsste man die Straße und Radwege gestalten, um dies zu erreichen? Machen Schutzstreifen Sinn?

Im letzten Abschnitt geht es weniger um die Sicherheit, sondern um die Attraktivität von Infrastruktur, gerade für Radfahrer. Im Sinne der Nachhaltigkeit sollten mehr Personen das Rad nutzen. Wie muss man die Infrastruktur gestalten, damit sie dies tun? Was sind dabei überhaupt wichtige Kriterien für Radfahrer? Was sind die psychologischen Konstrukte, die für eine Bewertung von Infrastruktur verwendet werden? Und wie wird dann eine konkrete Infrastruktur bewertet? Diese Fragen werden im letzten Abschnitt untersucht.

4.1   Infrastruktur zum langsamer Fahren

Nach dem Modell von Fuller (2005) gibt es eine Möglichkeit für den Fahrer zu reagieren, wenn die Anforderungen der Fahraufgabe zu groß für die eigenen Fähigkeiten sind: Man kann einfach langsamer fahren. Wenn diese Überlegung richtig ist und Fahrer das tun, dann kann man den Verkehr langsamer machen, indem man die Infrastruktur und damit die Fahrsituation komplexer gestaltet. Das wird auch bei der Gestaltung von Tempo-30-Zonen inzwischen berücksichtigt, indem gezielt Engstellen und Parkplätze die Fahrbahn verengen, kein Mittelstreifen mehr vorhanden ist und so der Eindruck einer Straße erzeugt wird, in der die Fahrer ganz automatisch 30 km/h fahren.

Zunächst ist das eine Grundlagenfrage der Verkehrspsychologie. Wie reagiert der Fahrer auf bestimmte Ausprägungen der Infrastruktur? Wenn diese schwierig, komplex, gefährlich erscheint, müsste er eigentlich langsamer fahren. Was sind die Eigenschaften der Infrastruktur, die dazu führen, dass diese schwieriger oder gefährlicher erscheint? Goralzik und Vollrath (2017) untersuchten dies in einer Fahrsimulatorstudie, wobei die beiden grundlegenden Eigenschaften Kurve vs. Gerade und schmale vs. breite Straße variiert wurden. Dies wurde bei einer Geschwindigkeitsbegrenzung auf 50 km/h untersucht. Die zentrale Frage war dann, welche Geschwindigkeit die Fahrer in den verschiedenen Kombinationen der beiden Faktoren „Straßenbreite" und „Kurvigkeit" fuhren. Abb. 4.1 zeigt als Ergebnisse den Mittelwert der Geschwindigkeit in den vier Situationen.

Wie die Abbildung zeigt, handelt es sich hier um zwei Haupteffekte, die sich addieren. Bei breiter Straße wird schneller gefahren als bei enger (im Mittelwert etwa 2 km/h) und auf der Geraden schneller als in der Kurve (im Mittelwert ebenso etwa

Abb. 4.1 Mittlere Geschwindigkeit in Abhängigkeit von der Breite der Straße und bei gerader und kurviger Straße bei einer Geschwindigkeitsbegrenzung von 50 km/h. (nach Goralzik & Vollrath, 2017)

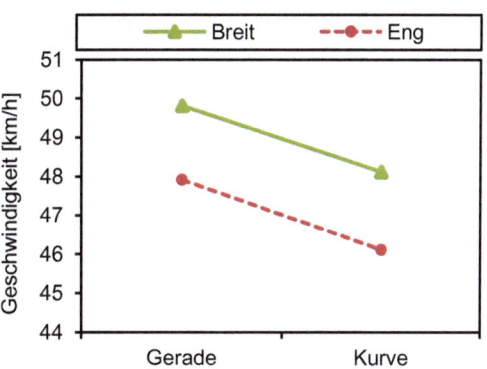

2 km/h). Wenn man die Straße also eng und kurvig gestaltet, fahren die Fahrer automatisch etwa 4 km/h langsamer. Diese Idee, die Infrastruktur so zu gestalten, dass Fahrer automatisch ihre Geschwindigkeit anpassen, wird als „self-explaining road", also selbsterklärende Straße, bezeichnet. Auch in Feldexperimenten konnte gezeigt werden, dass bei entsprechender Gestaltung von Straßen die Fahrer die Geschwindigkeit automatisch so anpassen, wie es der Verkehrssituation angemessen ist (zum Beispiel Charlton et al., 2010).

Dieses Konzept nutzt grundlegendes verkehrspsychologisches Wissen. Wie wählt man als Fahrer seine Geschwindigkeit? Nach dem Modell von Fuller (2005) sollte man so langsam fahren, dass die Anforderungen der Verkehrssituation nicht die eigenen Fähigkeiten überschreiten. Wenn man weiß, was eine Verkehrssituation schwierig und komplex macht, kann man das dazu nutzen, um die Infrastruktur so zu gestalten, dass Fahrer automatisch langsamer fahren. Das setzt natürlich voraus, dass die Fahrer das auch so wahrnehmen, wie es beabsichtigt war. Hier besteht nach wie vor Forschungsbedarf, um die Handlungssteuerung von Autofahrern in Bezug auf die Geschwindigkeitswahl zu verstehen und dann entsprechend ändern zu können.

Aus verkehrspsychologischer Sicht gibt es hier zwei wichtige Faktoren. Der eine Faktor ist die Steuerung des Fahrzeugs. Wenn man zum Beispiel in einer 30er-Zone um Hindernisse herumfahren muss, wenn die Straße kurvig ist, wenn es sehr eng ist, dann fährt man langsamer, damit man das Fahrzeug auch sicher und entspannt kontrollieren kann. Der zweite Faktor ist die Erwartung, dass etwas passieren kann. Wird der Fahrer vor mir plötzlich bremsen? Dann werde ich langsamer fahren und etwas mehr Abstand halten. Kann es sein, dass ein Fußgänger oder Radfahrer plötzlich die Straße quert? Dann werde ich langsamer fahren und mehr auf die Seitenbereiche achten, um frühzeitig diese Ereignisse wahrzunehmen und reagieren zu können. Den ersten Faktor kann man durch eine entsprechende Gestaltung der Infrastruktur steuern. Der zweite Faktor hängt mehr von anderen Verkehrsteilnehmern und den Erwartungen der Fahrer ab. Aber auch hier gibt es Möglichkeiten, dies durch eine Gestaltung der Infrastruktur zu beeinflussen.

Ein spannendes Konzept ist hier der „Shared Space" (Moody & Melia, 2011). Der Raum wird nicht aufgeteilt in eine Straße für Autos, einen Radweg für Radfahrer und einen Fußweg für Fußgänger, sondern der Raum ist für alle gleichermaßen verfügbar. Es gibt keine Verkehrsregeln wie rechts-vor-links, sondern man muss sich einigen. Ein solcher Raum wird sicherlich als schwierig und komplex wahrgenommen und führt dazu, dass sich nicht nur Autofahrer, sondern auch Fußgänger und Radfahrer sehr vorsichtig verhalten. Dieses Konzept wird nach wie vor sehr kontrovers diskutiert, ist aber sicherlich ein sehr spannender Ansatz, gerade für die Verkehrspsychologie. Die Wahrnehmung und Bewertung der Verkehrssituation und die Anpassung des eigenen Verhaltens spielen hier eine ganz wesentliche Rolle.

Die Anpassung der Infrastruktur erfordert allerdings einigen baulichen Aufwand. Umso wichtiger ist es zu verstehen, was eine gute Infrastruktur ausmacht, was die zentralen Elemente sind, um das Verhalten zu ändern. Die Reduktion der Geschwindigkeit ist dabei sicherlich ein wichtiger Punkt. Für die Verkehrssicherheit spielt gerade im städtischen Bereich die Wahrnehmung von Fußgängern und Radfahrern eine zentrale Rolle, um Unfälle zu vermeiden. Kann man dies durch eine Gestaltung der Infrastruktur verbessern? Dies wird im nächsten Abschnitt untersucht.

4.2   Infrastruktur für bessere Wahrnehmung

In einer Unfallanalyse hatten Räsänen und Summala (1998) gefunden, dass Autofahrer beim Rechtsabbiegen in eine Vorfahrtsstraße häufig Radfahrer übersehen, die von rechts kommen (s. Abschn. 1.2). Das SEEV-Modell von Wickens (2015) hatte dazu eine Erklärung geliefert. Die Autofahrer müssen anderen Pkw, die von links kommen, Vorfahrt gewähren. Sie richten deshalb ihre Aufmerksamkeit vor allem nach links, weil sie erwarten, dass von dieser Richtung Pkw kommen (expectancy) und weil diese für das Abbiegen einen hohen Wert (value) haben. Kann man es durch eine Gestaltung der Infrastruktur erreichen, dass die Autofahrer in dieser Abbiegesituation auch nach rechts schauen, um dort ankommende Radfahrer zu entdecken und ihnen Vorfahrt zu gewähren?

Berghoefer, Huemer und Vollrath (2023) untersuchten in einer Simulatorstudie verschiedene Gestaltungen der Infrastruktur, mit denen versucht werden sollte, die Erwartung zu wecken, dass Radfahrer von rechts kommen könnten und so die Aufmerksamkeit der Autofahrer nach rechts zu richten. Gemessen wurde deshalb, die lange bei der Anfahrt insgesamt nach rechts geschaut wurde. Abb. 4.2 zeigt die entsprechenden Ergebnisse.

Abb. 4.2 Mittlere
Dauer der Blicke nach
rechts in Abhängigkeit
von der Gestaltung der
Infrastruktur (nach
Berghoefer et al., 2023)

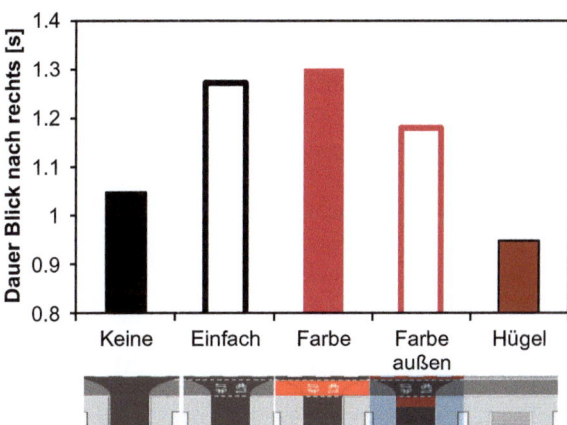

Ganz links ist zur Kontrolle die Blickdauer nach rechts dargestellt, wenn keine besonderen Markierungen vorhanden waren. Bei der zweiten Variante war mit gestrichelten Linien eine Furt markiert, in die noch zwei Radfahrersymbole gemalt waren. Hier schauten die Autofahrer deutlich länger nach rechts als ohne Markierung. Ein kleines bisschen wirkungsvoller war es noch, wenn die Furt rot eingefärbt wurde. Ein roter Streifen vor und hinter der Furt wirkte auch, aber nicht so gut wie die voll eingefärbte Furt. Ein kleiner Hügel kombiniert mit einem durchgehenden Fahrradweg war dagegen sogar weniger wirkungsvoll als keine Markierung.

Der Effekt war nicht riesig, aber doch sehr deutlich. Die Empfehlung wäre daher, wenn Radfahrer von rechts kommen können, eine rot eingefärbte Fahrradfurt mit Symbolen zu verwenden. Es wäre spannend, im Realverkehr zu untersuchen, ob dies letztlich zu einer Reduktion von Unfällen mit Radfahrern beitragen würde.

Es gibt sicherlich noch viele andere Situationen, in denen die Wahrnehmung von Fußgängern und Radfahrern, aber auch von anderen Pkw eine wesentliche Rolle für die Entstehung von Unfällen führt. Auf Basis von entsprechenden Unfallanalysen müsste man verstehen, ob hier ein Problem mit der speziellen Infrastruktur vorliegt. Sichtverdeckungen durch parkende Fahrzeuge oder Bäume spielen bei Unfällen eine Rolle, bei denen der Autofahrer rechts abbiegt und den Radfahrer nicht sieht, der von hinten rechts kommt und Vorfahrt hätte. Neben einer Beseitigung der Sichthindernisse gibt es auch Konzepte wie Spiegel an der Ampel, die es dem Fahrer ermöglichen, den Radfahrer besser zu sehen. In diesem Bereich gibt es sicherlich großen Forschungsbedarf, aber auch vielfältige Möglichkeiten, die Wahrnehmung anderer Verkehrsteilnehmer zu verbessern und so zur Vermeidung von Unfällen beizutragen.

Neben der Wahrnehmung spielt aber auch das Verhalten eine große Rolle zur Unfallvermeidung. Dazu gehört auch die Anpassung der Geschwindigkeit, die im ersten Abschnitt dargestellt worden war. In städtischen Bereichen gehört dazu im Hinblick auf die Interaktionen zwischen Pkw- und Radfahrern der Überholabstand. Wie sollte man die Infrastruktur gestalten, sodass Radfahrer mit einem sicheren Abstand überholt werden und sie sich beim Überholtwerden auch sicher fühlen? Dies wird im nächsten Abschnitt dargestellt. Neben der Sicherheit geht es hier auch um den Komfort, um Radfahren attraktiver zu gestalten, was dann im letzten Abschnitt noch ausführlicher dargestellt wird.

4.3 Infrastruktur für größere Abstände zu Radfahrern

Seit 2020 ist von der Straßenverkehrsordnung festgelegt, dass Radfahrer mit einem Mindestabstand von 1.5 m überholt werden müssen. Außerorts sind es sogar 2 m. Wie auch Geschwindigkeitsbegrenzungen sind das sicherlich sinnvolle Vorgaben, die man versucht, durch Bußgelder zu durchzusetzen. Aber warum überholen Autofahrer so eng? Welche Rolle spielt dabei die Infrastruktur? Oder umgekehrt, wie müsste eine ideale Infrastruktur aussehen, bei der diese Abstände eingehalten werden?

Im Rahmen ihrer Bachelorarbeit erhob Busch (2023) die Überholabstände von Autofahrern in Braunschweig auf verschiedenen Arten von Straßen. Als wesentlicher Einflussgröße wurde dabei die Straßenbreite erfasst. Sie fuhr selbst auf ihrem Rad mit einem möglichst gleichen Abstand vom Straßenrand. Mit dem Open-Bike-Sensor (www.openbikesensor.org) wurde der Abstand von überholenden Fahrzeugen gemessen. Es gab sechs Straßen mit unterschiedlicher Breite. Abb. 4.3 zeigt die Ergebnisse.

Auf den ersten Blick wird sehr deutlich, dass der mittlere Überholabstand stark mit der Breite des Fahrstreifens zusammenhängt. Bei den sehr engen Straßen wurde im Mittelwert mit einem Abstand von 1.10 m überholt. Der gesetzlich geforderte Abstand von 1.5 m wurde nur auf der breitesten Straße im Mittelwert eingehalten. Im Mittelwert bedeutet aber, dass es viele Autofahrer gab, die auch hier mit geringerem Abstand überholt haben.

Auf der einen Seite zeigt dieses Beispiel, dass tatsächlich die Gestaltung der Infrastruktur einen wesentlichen Beitrag dafür liefert, dass Radfahrer mit hinreichend großem Abstand überholt werden. Der Unterschied im Überholabstand zwischen der breitesten und schmalsten Straße liegt bei 0.5 m, ein sehr deutlicher Effekt. Auf der anderen Seite scheint dieser Effekt dann doch begrenzt zu sein. Die breiteste Straße war eine Einbahnstraße und der Fahrstreifen etwa 5.5 m breit. Autos in Deutschland sind im Schnitt etwa 2 m breit. Wenn diese vom linken Straßenrand

Abb. 4.3 Mittelwert des Überholabstands in Abhängigkeit der Breite des Fahrstreifens bei insgesamt 6 unterschiedlich breiten Straßen. Die Linie zeigt die lineare Regression

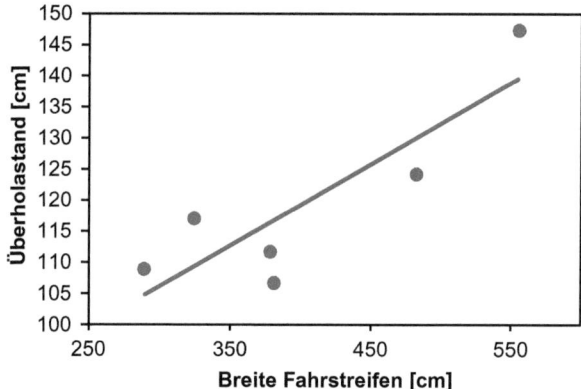

einen Abstand von 0.5 m einhalten, sind nach rechts 3 m Platz – genügend für einen Abstand von mehr als 1.5 m. Autofahrer wissen möglicherweise nicht, dass sie einen Abstand von mehr als 15 m halten sollten oder können den Abstand schwer einschätzen.

Hier liegt sicherlich weiterer Forschungsbedarf. Bei den untersuchten Straßen fuhren die Radfahrer auf der Straße ohne weitere Markierung. Der Abstand würde sich sicherlich ändern, wenn Radfahrstreifen (durchgezogene Linie) oder Schutzstreifen (gestrichelte Linie) den Radfahrern eine eigene Fläche zuweisen. Möglicherweise müsste man das Überholen in bestimmten Straßen verbieten, zum Beispiel in Tempo-30-Zonen mit einer schmalen Fahrbahn, wo auch Gegenverkehr kommt. Vielleicht sind auch eigene Radwege die beste Lösung, wie man es zum Beispiel ganz überwiegend in Dänemark findet.

Es zeigt sich auch, dass das enge Überholtwerden zu Stress und teilweise zu Angst führt. Neben dem Aspekt der Sicherheit kommt hier der Komfort hinzu. Dieser ist wichtig, damit mehr Personen Radfahrer werden und Radfahrer (noch) mehr mit dem Rad fahren. Aber gibt es noch andere Kriterien, die für Radfahrer wichtig sind, um zu entscheiden, wo sie gerne fahren und wo nicht? Und wie weit hängt das von der Infrastruktur ab? Diese Aspekte werden im letzten Abschnitt dargestellt.

4.4 Infrastruktur zum angenehmen Radfahren

Eine Vielzahl von Studien beschäftigt sich damit, wie man attraktive Fahrradrouten erzeugt. Auf der einen Seite geht es um Eigenschaften der Infrastruktur, die eine bestimmte Strecke attraktiv macht oder die man als Radfahrer eher vermeiden möchte.

Ein eigener breiter Radweg nur für Radfahrer und wenig Verkehr scheinen grundsätzlich wichtige Eigenschaften zu sein (zum Beispiel Manton et al., 2016). Man fährt als Radfahrer auch gerne im Grünen, in schöner Umgebung (zum Beispiel Marquart & Schicketanz, 2022). Weiter sollte es klar und einfach sein, wo man langfahren darf und sollte (zum Beispiel Berghoefer & Vollrath, 2022). Diese Beispiele zeigen auch, dass hier anscheinend unterschiedliche Kriterien eine Rolle spielen.

Immer wieder diskutiert wird hier die erlebte Sicherheit (zum Beispiel Desjardins et al., 2021) und der Komfort (zum Beispiel Blanc & Figliozzi, 2016). Aber sind das wirklich die einzigen beiden Kriterien, um eine Route zu mögen und dort gerne zu fahren? Berghoefer und Vollrath (2022) untersuchten dies mit der Methode des Repertory Grids. Dabei wurden Personen jeweils drei Bilder mit drei unterschiedlichen Radinfrastrukturen gezeigt. Sie sollten dann beschreiben, was zwei dieser Situationen gemeinsam haben und die dritte genau nicht hat. Sie konnten dazu die drei Situationen beliebig miteinander kombinieren. Zum Beispiel könnten zwei Straßen ruhig und mit guter Luft sein, die dritte mit starkem Verkehr und Lärm. Das entsprechende Kriterium ist dann so etwas wie Umweltfreundlichkeit (ruhig, keine Abgase, kein Lärm) beziehungsweise eine unangenehme Umwelt (laut, viel Verkehr, viele Abgase). Aus den entsprechenden Angaben konnten dann 5 Kriterien abgeleitet werden, die in einer zweiten Studie (Berghoefer et al., 2024) dann auf drei reduziert wurden:

1. Mentaler Komfort: Man kann entspannt und stressfrei radfahren, es gibt wenige Interaktionen mit anderen Verkehrsteilnehmern, sodass man nicht aufpassen muss, man fühlt sich dort sicher und man weiß, wo es langgeht.
2. Erlebte Umweltfreundlichkeit: Die Umgebung ist grün und schön, es gibt wenig Verkehr, wenig Abgase und Lärm, man fährt hier einfach gerne Rad.
3. Körperliches Wohlfühlen: Der Untergrund ist angenehm zu fahren, es gibt keine Unebenheiten, kein Kopfsteinpflaster, es gibt keine Steigungen und man kann flüssig fahren, ohne ständig anhalten zu müssen.

Radfahrer fuhren dann eine bestimmte Strecke durch Braunschweig, die ganz unterschiedliche Arten von Radfahrinfrastruktur enthielt. Nach jedem Teilstück wurden sie befragt, wie sie das letzte Stück auf diesen drei Kriterien bewerteten. Dabei ergaben sich vier Gruppen von Infrastruktur, bei denen die verschiedenen Straßen innerhalb der Gruppe sehr ähnlich bewertet wurden, sich die Gruppen aber voneinander unterschieden:

1. Geteilte, beruhigte Infrastruktur: Bei diesen Straßen waren Fahrradstraßen dabei, die man sich mit den Autos teilt, wo Radfahrer aber im Vordergrund stehen, eine Fußgängerzone, in der Radfahrer aber fahren dürfen und sich den Raum mit den Fußgängern teilen und ein breiter Weg im Grünen rund um die Stadt, den sich ebenfalls Fußgänger und Radfahrer teilen.

2. Eigene Radinfrastruktur: Hier waren eine Straße mit eigenem Radweg, eine weitere mit einem Radweg, der durch eine andere Färbung vom Fußgängerweg abgetrennt war, ein rot markierter Schutzstreifen auf der Straße und eine Kreuzung mit Ampeln.
3. Unklare Infrastruktur: Dazu gehörte ein Fußweg, auf dem Radfahrer auch fahren durften, aber Rücksicht auf Fußgänger nehmen mussten, die Überfahrt über eine Straße ohne Vorfahrt und ein Stück, wo man vom Radweg auf die Straße musste.
4. Unangenehme Infrastruktur: Hier gab es eine Straße mit einer Steigung und eine weitere mit Kopfsteinpflaster.

Abb. 4.4 zeigt die Ergebnisse der Bewertung. Insgesamt am besten wurde die geteilte Infrastruktur bewertet. Körperliches Wohlfühlen und die erlebte Umweltfreundlichkeit waren hier sehr hoch. Der mentale Komfort war ein kleines bisschen geringer, wurde aber immer noch sehr hoch eingeschätzt. Radfahrer teilen sich hier zwar die Infrastruktur, aber stehen eigentlich im Vordergrund.

Die zweite Gruppe war die eigene Infrastruktur. Das körperliche Wohlfühlen war hier sehr hoch. Die Radwege bzw. die Straße hatten einen sehr guten Belag und es gab keine Steigungen. Der mentale Komfort lag wie in der ersten Gruppe immer noch im guten Bereich. Man hat zwar eine eigene Infrastruktur, wobei diese aber auf der Straße oder dem Fußweg liegt. Auch der eigene Radweg liegt direkt neben der Straße. Diese Nähe zur Straße und damit zum Verkehr führt dazu, dass hier die erlebte Umweltfreundlichkeit nicht sehr hoch ist.

Bei der unklaren Infrastruktur sind der mentale Komfort und die erlebte Umweltfreundlichkeit im leichten unangenehmen Bereich. Man hat hier Interaktionen mit anderen Verkehrsteilnehmern, bei denen nicht der Radfahrer im Vordergrund steht,

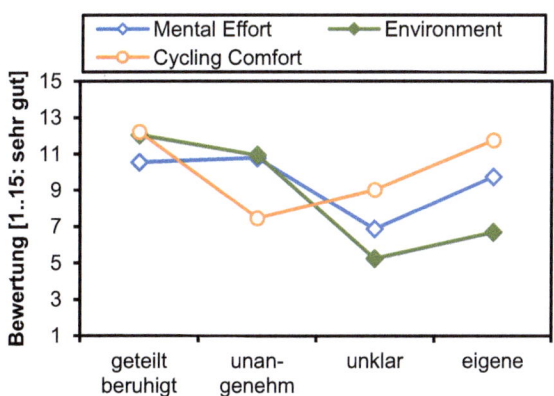

Abb. 4.4 Mittelwert der Bewertung der vier Gruppen von Infrastruktur hinsichtlich des mentalen Komforts, der erlebten Umweltfreundlichkeit und des körperlichen Wohlfühlens

sondern Fußgänger oder Autos Vorfahrt haben. Weiter ist auch das körperliche Wohlfühlen beeinträchtigt, da man Übergänge hat oder warten muss.

Bei der letzten Gruppe, der unangenehmen Infrastruktur, ist vor allem das körperliche Wohlfühlen beeinträchtigt und im unteren mittleren Bereich. Da die Straßen wenig Verkehr hatten, wurden sie vom mentalen Komfort und der erlebten Umweltfreundlichkeit dagegen ähnlich gut bewertet wie die geteilte, beruhigte Infrastruktur.

In der freien Befragung wurden die Straßen der geteilten, beruhigten Infrastruktur am häufigsten als die besten Straßen genannt. Hier sind alle Bewertung auch positiv ausgeprägt. Am häufigsten als schlechteste Straßen wurden die der unklaren Infrastruktur bewertet, wo vor allem die erlebte Umwelt negativ bewertet wurde und die vom mentalen Komfort her am schwierigsten waren. Damit zeigen sich klare Prioritäten für die Gestaltung einer guten Radinfrastruktur.

Auch in diesem Themenbereich der Infrastruktur zum angenehmen Radfahren findet man auf der einen Seite Grundlagenaspekte der Verkehrspsychologie. Was bedeutet eigentlich „angenehm"? Hier zeigten sich die beschriebenen drei zentralen Dimensionen, mentaler Komfort, erlebte Umweltfreundlichkeit und körperliches Wohlfühlen. Eher im angewandten Bereich liegt dann die Untersuchung der Infrastruktur. Hier zeigten sich vier Arten, von denen eine Gruppe deutlich zu bevorzugen ist, die andere möglichst zu vermeiden. Dies hilft auch, wenn man neue Arten von Infrastruktur für Radfahrer entwickelt.

Wie geht es weiter mit dem Verkehr? 5

Die Darstellung der verschiedenen Themen ist eine sehr subjektive. Ich habe dabei viele Studien meines Lehrstuhls und meiner Doktoranden als Beispiele gezeigt. Ich kenne diese Studien sehr genau und kann sie sehr gut darstellen. Es gibt aber natürlich in Deutschland und weltweit eine Vielzahl von weiteren sehr guten und spannenden Studien. Wenn man in das Literaturverzeichnis schaut, sieht man auch die Zeitschriften, die für den Bereich der Verkehrspsychologie relevant sind. Schauen Sie sich diese an, lesen Sie die Abstracts und finden Sie Studien, die Sie interessieren!

Dabei werden Sie sicherlich eine Vielzahl von Themen finden, die ich hier nicht dargestellt habe. Die Flugpsychologie hat eine sehr lange und breite Geschichte. Automation spielt hier eine noch größere Rolle als beim Autofahren. Auch bei der Bahn, bei Schiffen und in der Raumfahrt sind verkehrspsychologische Fragen zu finden. Lkw spielen nach wie vor eine große Rolle beim Güterverkehr. Fahren ist hier nicht eine Möglichkeit, von A nach B zu kommen, sondern ein Beruf. Fußgänger wurden auch nicht weiter dargestellt, obwohl dies die häufigste Form der Mobilität ist. Ablenkung durch Smartphones bei Schülern beim Queren der Straße wäre hier zum Beispiel ein Thema (Vollrath et al., 2019). Die E-Mobilität führt zu neuen Forschungsthemen wie zum Beispiel der Reichweitenangst (Franke et al., 2017). Kann man umweltfreundliches Fahrverhalten verstärken (Kramer et al., 2023)? Es entwickeln sich auch neue Formen der Mobilität, wie zum Beispiel E-Scooter mit ähnlichen Fragestellungen wie bei Radfahrern. Auch die Frage der Mobilitätswahl unter Berücksichtigung des ÖPNV, von Bus und Bahn ist vor dem Ziel einer nachhaltigen Mobilität ein ganz wichtiges Thema. Diese Beispiele sind sicherlich nicht umfassend.

Dies ist aber auch kein eigentliches Lehrbuch der Verkehrspsychologie, das versucht, die zentralen Befunde aus den wichtigsten Bereichen der Verkehrspsychologie darzustellen. Einen Versuch dafür findet man bei Vollrath und Krems (2011). Es ging vielmehr darum, einen Einblick in die Vielfalt der verkehrspsychologischen Themen zu geben. Die klassische Verkehrspsychologie mit Begutachtung und Schulung wird sicherlich weiter ein Berufsfeld bleiben. Eine Vielzahl von Forschungsthemen, sowohl im Bereich der Grundlagen als auch deren Anwendung, bieten weitere Möglichkeiten, wissenschaftlich zu arbeiten oder in der Anwendung zu einer besseren Mobilität beizutragen.

Verkehrspsychologen beschäftigen sich mit grundsätzlichen Fragen des Erlebens und Verhaltens im Verkehr, wobei unter Sicherheitsgesichtspunkten das Verhalten im Vordergrund steht. Wie kann man die Fähigkeiten aufbauen und erhalten, sodass ein sicheres Fahren möglich ist? Wie kann man Einstellungen und regelwidriges Verhalten verändern, sodass sich Verkehrsteilnehmer nicht selbst in Gefahr bringen? Hier ist ein Verständnis der grundlegenden psychologischen Gesetzmäßigkeiten notwendig.

Ein weiterer Schwerpunkt ist durch die Nutzung von Technik im Verkehr bedingt. Systeme können bei Fehlern des Fahrers eingreifen – wann sollten sie das tun? Wie gestaltet man das möglichst effektiv und ist das wirksam? Oder ist es besser, Teile des Fahrens zu übernehmen oder sogar automatisch zu fahren? Die Verkehrspsychologie zeigt, dass auch dabei psychologische Fragen wichtig und zu lösen sind. Durch den Mischverkehr in der Zukunft entstehen ganz neue Fragestellungen durch die Interaktion mit den neuen, automatischen Verkehrsteilnehmern.

Und schließlich findet Verkehr in einer Umwelt statt, in einer bestimmten Infrastruktur. Auch hier liefert der verkehrspsychologische Blick neue Impulse. Durch Infrastrukturgestaltung kann man das Erleben und Verhalten von Verkehrsteilnehmern ändern. Man kann sie dazu bringen, langsamer zu fahren, die Aufmerksamkeit und Informationsaufnahme verbessern und sich sicherer im Verkehr zu verhalten, zum Beispiel Radfahrer mit größeren Abständen zu überholen. Und was muss man tun, damit Menschen zu Radfahrern werden und gerne und viel Radfahren? Auch hier kann die Verkehrspsychologie zu einer entsprechenden Gestaltung der Infrastruktur beitragen.

Sie sehen also, Verkehrspsychologie hat eine Vielzahl von Facetten. Man benötigt Wissen aus dem Bereich der Grundlagen, insbesondere der Allgemeinen Psychologie und der Sozialpsychologie. An einigen Universitäten gibt es außerdem Verkehrspsychologie als Schwerpunkte sowohl im Bachelor als auch im Master. Wenn dieses Buch Ihr Interesse geweckt hat, lohnt es sich, entsprechende Universitäten für das Studium zu wählen. Ich hoffe, ich konnte mit diesem Buch meine Begeisterung für die Verkehrspsychologie vermitteln und ein wenig Ihr Interesse für diesen Bereich wecken.

Literatur

Ajzen, I. (1991). The theory of planned behavior. *Organizational Behavior and Human Decision Processes, 50*(2), 179–211.

Alrutz, D., Bohle, W., Müller, H., & Prahlow, H. (2009). *Unfallrisiko und Regelakzeptanz von Fahrradfahrern. Berichte der Bundesanstalt für Straßenwesen V* (Verkehrstechnik: Vol. 184). Bundesanstalt für Straßenwesen.

Baker, S. P., Chen, L., & Li, G. (2006). *National evaluation of graduated driver licensing programs.* Report no. DOT HS 810 614, NHTSA.

Berghoefer, F. L., & Vollrath, M. (2022). Cyclists' perception of cycling infrastructure – A repertory grid approach. *Transportation Research Part F, 87,* 249–263.

Berghoefer, F. L., Huemer, A. K., & Vollrath, M. (2023). Look right! The influence of bicycle crossing design on drivers' approaching behavior. *Transportation Research Part F, 95,* 98–111.

Berghoefer, F. L., Schulz, V., & Vollrath, M. (2025). Cyclists' evaluation of routes in a naturalistic cycling study. *Journal of Cycling and Micromobility Research* (in revision).

Blanc, B., & Figliozzi, M. (2016). Modeling the impacts of facility type, trip characteristics, and trip stressors on cyclists' comfort levels utilizing crowdsourced data. *Transportation Research Record, 2587*(1), 100–108.

Bundesanstalt für Straßenwesen. (2022). *Begutachtungsleitlinien zur Kraftfahreignung. Stand 01. Juni 2022.* Bundesanstalt für Straßenwesen.

Busch, C. (2023). *Autofahrer überholen Radfahrer – Einflüsse von verschiedenen Straßenbedingungen und Helmnutzung auf den Überholabstand. Unveröffentlicke Bachelorarbeit.* TU Braunschweig.

Charlton, S. G., Mackie, H. W., Baas, P. H., Hay, K., Menezes, M., & Dixon, C. (2010). Using endemic road features to create self-explaining roads and reduce vehicle speeds. *Accident Analysis & Prevention, 42*(6), 1989–1998.

Cicchino, J. B. (2017). Effectiveness of forward collision warning and autonomous emergency braking systems in reducing front-to-rear crash rates. *Accident Analysis & Prevention, 99*, 142–152.

Desjardins, E., Apatu, E., Razavi, S. D., Higgins, C. D., Scott, D. M., & Páez, A. (2021). "Going through a little bit of growing pains": A qualitative study of the factors that influence the route choice of regular bicyclists in a developing cycling city. *Transportation Research Part F, 81*, 431–444.

DIW. (2003). *Mobilität in Deutschland 2002. Kontinuierliche Erhebung zum Verkehrsverhalten*. DIW.

Fastenmeier, W., Plewka, M., Gstalter, H., Gaster, K., & Gehlert, T. (2003). *Weiterentwicklung und Evaluation einer Rückmeldefahrt für Senioren*. Unfallforschung der Versicherer.

Franke, T., Günther, M., Trantow, M., & Krems, J. F. (2017). Does this range suit me? Range satisfaction of battery electric vehicle users. *Applied Ergonomics, 65*, 191–199.

Fuller, R. (2005). Towards a general theory of driver behavior. *Accident Analysis and Prevention, 3*, 461–472.

Goralzik, A., & Vollrath, M. (2017). The effects of road, driver, and passenger presence on drivers' choice of speed: A driving simulator study. *Transportation Research Procedia, 25*, 2061–2075.

Greenlee, E. T., DeLucia, P. R., & Newton, D. C. (2018). Driver vigilance in automated vehicles: Hazard detection failures are a matter of time. *Human Factors, 60(4)*, 465–476.

Hakamies-Blomqvist, L., Raitanen, T., & O'Neill, D. (2002). Driver ageing does not cause higher accident rates per km. *Transportation Research Part F, 5*, 271–274.

Huemer, A. K. (2018). Motivating and deterring factors for two common traffic-rule violations of cyclists in Germany. *Transportation Research Part F, 54*, 223–235.

Huemer, A. K., Blossei, E. C., Schrader, K., & Vollrath, M. (2018). The relative impact of cyclists' appearance and infrastructure layout on speed and lateral distance while overtaking bicyclists: A simulator approach. In *7th international cycling safety conference, ICSC2018*, 10.–11.10.2018.

Jamson, S. (2006). Would those who need ISA, use it? Investigating the relationship between drivers' speed choice and their use of a voluntary ISA system. *Transportation Research Part F: Traffic Psychology and Behaviour, 9(3)*, 195–206.

Kramer, J., Riza, L., & Petzoldt, T. (2023). Carbon savings, fun, and money: The effectiveness of multiple motives for eco-driving and green charging with electric vehicles in Germany. *Energy Research & Social Science, 99*, 103054.

Krüger, H.-P., & Vollrath, M. (2004). The alcohol-related accident risk in Germany: Procedure, methods and results. *Accident Analysis & Prevention, 36(1)*, 125–133.

Longo, M. C., Hunter, C. E., Lokan, R. J., White, J. M., & White, M. A. (2000a). The prevalence of alcohol, cannabinoids, benzodiazepines and stimulants amongst injured drivers and their role in driver culpability. Part I: The prevalence of drug use in drivers, and characteristics of the drug-positive group. *Accident Analysis & Prevention, 32*, 613–622.

Longo, M. C., Hunter, C. E., Lokan, R. J., White, J. M., & White, M. A. (2000b). The prevalence of alcohol, cannabinoids, benzodiazepines and stimulants amongst injured drivers and their role in driver culpability. Part II: The relationship between drug prevalence and drug concentration, and driver culpability. *Accident Analysis & Prevention, 32*, 623–632.

Mackworth, N. H. (1948). The breakdown of vigilance during prolonged visual search. *Quarterly Journal of Experimental Psychology, 1(1)*, 6–21.

Maier, S., Funk, W., La Guardia, T., Pusica, A., & Kathmann, T. (2024). *Erhebung der Nutzungshäufigkeit von Smartphones durch Pkw-Fahrer, Radfahrer und Fußgänger 2022* (Berichte der Bundesanstalt für Straßenwesen, Mensch und Sicherheit, M 344). Bundesanstalt für Straßenwesen.

Malta, L., Aust, M. L., Faber, F., Metz, B., Saint Pierre, G., Benmimoun, M., & Schäfer, R. (2012). *Deliverable 6.4. Final results: Impacts of traffic safety*. Ford Forschungszentrum.

Manton, R., Rau, H., Fahy, F., Sheahan, J., & Clifford, E. (2016). Using mental mapping to unpack perceived cycling risk. *Accident Analysis & Prevention, 88*, 138–149.

Marquart, H., & Schicketanz, J. (2022). Experiences of safe and healthy walking and cycling in urban areas: The benefits of mobile methods for citizen-adapted urban planning. *Transportation Research Procedia, 60*, 290–297.

Maycock, G., Lockwood, C. R., & Lester, J. F. (1991). *The accident liability of car drivers*. Road User Group.

McKnight, A. J., & McKnight, A. S. (2003). Young novice drivers: Careless or clueless? *Accident Analysis and Prevention, 35*(6), 921–9255.

Moody, S., & Melia, S. (2011). *Shared space: Implications of recent research for transport policy*. University of the West of England.

Muhrer, E. (2011). *Die Rolle der Erwartung bei Fahrerfehlern im Folgeverkehr und die Effekte teilautonomer Assistenz*. TU Braunschweig.

Muhrer, E., Reinprecht, K., & Vollrath, M. (2012). Driving with a partially autonomous forward collision warning system: How do drivers react? *Human Factors, 54*(5), 698–708.

Owsley, C., Ball, K., Sloana, M. E., Roenker, D. L., & Bruni, J. R. (1991). Visual/cognitive correlates of vehicle accidents in older drivers. *Psychology and Aging, 6*(3), 403–415.

Räsänen, M., & Summala, H. (1998). Attention and expectation problems in bicycle-car collisions: An in-depth study. *Accident Analysis & Prevention, 30*(5), 657–666.

SAE International. (2021). *Taxonomy and definitions for terms related to driving automation systems for on-road motor vehicles*. SAE International.

Schlag, B. (1993). Elderly drivers in Germany – Fitness and driving behavior. *Accident Analysis & Prevention, 25*(1), 47–55.

Stange, V., Goralzik, A., & Vollrath, M. (2021). Keep your distance, automated vehicle! – Configuration of automated driving behavior at an urban junction from a cyclist's perspective. In N. Stanton (Hrsg.), *Advances in human aspects of transportation. AHFE 2021* (Lecture notes in networks and systems, Bd. 270, S. 393–402). Springer. https://doi.org/10.1007/978-3-030-80012-3_45

Stange, V., Goralzik, A., Ernst, S., Steimle, M., Maurer, M., & Vollrath, M. (2022a). Please stop now, automated vehicle! – Passengers aim to avoid risk experiences in interactions with a crossing vulnerable road user at an urban junction. *Transportation Research Part F: Traffic Psychology and Behaviour, 87*, 164–188.

Stange, V., Kühn, M., & Vollrath, M. (2022b). Manual drivers' experience and driving behavior in repeated interactions with automated level 3 vehicles in mixed traffic on the highway. *Transportation Research Part F: Psychology and Behaviour, 87*, 426–443.

Statistisches Bundesamt. (2024). Straßenverkehrsunfälle 2023. https://www.destatis.de/DE/Themen/Gesellschaft-Umwelt/Verkehrsunfaelle/_inhalt.html. Zugegriffen am 30.12.2024.

Victor, T., Bärman, J., Boda, C. N., Dozza, M., Engström, J., Flannagan, C., Lee, J. D., & Markkula, G. (2015). *Analysis of naturalistic driving study data: Safer glances, driver inattention, and crash risk* (SHRP 2 report S2-S08A-RW-1). Transportation Research Board.

Vogelpohl, T., Kühn, M., Hummel, T., Gehlert, T., & Vollrath, M. (2018). Transitioning to manual driving requires additional time after automation deactivation. *Transportation Research Part F, 55*, 464–482.

Vollrath, M. (2007). Mobil im Alter – und die Sicherheit? In VDI (Hrsg.), *Fahrer im 21. Jahrhundert. Human Machine Interface* (S. 139–150). VDI.

Vollrath, M. (2010). Welche Fehler führen zu Unfällen? *Zeitschrift für Verkehrssicherheit, 56(1)*, 31–36.

Vollrath, M., & Fischer, J. (2017). When does alcohol hurt? A driving simulator study. *Accident Analysis and Prevention, 109*, 89–98.

Vollrath, M., & Krems, J. (2011). *Verkehrspsychologie*. Kohlhammer Verlag.

Vollrath, M., Briest, S., & Drewes, J. (2006). *Ableitung von Anforderungen an Fahrerassistenzsysteme aus Sicht der Verkehrssicherheit* (Berichte der Bundesanstalt für Straßenwesen, Fahrzeugtechnik, Heft F 60). Wirtschaftsverlag NW.

Vollrath, M., Schleicher, S., & Gelau, C. (2011). The influence of cruise control and adaptive cruise control on driving behavior – A driving simulator study. *Accident Analysis & Prevention, 43*, 1134–1139.

Vollrath, M., Huemer, A. K., Teller, C., Likhacheva, A., & Fricke, J. (2016). Do German drivers use their smartphone safely? – Not really! *Accident Analysis and Prevention, 96*, 29–38.

Vollrath, M., Huemer, A. K., & Nicolai, C. (2019). Young people use their smartphone all the time – Even when crossing the street? *IET Intelligent Transport Systems, 13(8)*, 1213–1217.

Werneke, J., & Vollrath, M. (2012). What does the driver look at? The influence of intersection characteristics on attention allocation and driving behavior. *Accident Analysis and Prevention, 45*, 610–619.

Werneke, J., & Vollrath, M. (2013). How to present collision warnings at intersections? – A comparison of different approaches. *Accident Analysis and Prevention, 52*, 91–99.

Wickens, C. D. (2002). Multiple resources and performance prediction. *Theoretical Issues in Ergonomic Sciences, 3(2)*, 159–177.

Wickens, C. D. (2015). Noticing events in the visual workplace: The SEEV and NSEEV models. In R. R. Hoffman, P. A. Hancock, M. W. Scerbo, R. Parasuraman, & J. L. Szalma (Hrsg.), *The Cambridge handbook of applied perception research* (Bd. 2, S. 749–768). Cambridge University Press.

Zimmermann, P., & Fimm, B. (2017). *Testbatterie zur Aufmerksamkeitsprüfung (Version Mobilität). Version 1.3.1*. Vera Fimm Psychologische Testsysteme.

If you have any concerns about our products,
you can contact us on
ProductSafety@springernature.com

In case Publisher is established outside the EU,
the EU authorized representative is:
Springer Nature Customer Service Center GmbH
Europaplatz 3, 69115 Heidelberg, Germany

Printed by Libri Plureos GmbH
in Hamburg, Germany